追寻远去的
盛景
圆明园

单志刚

╲ 编著

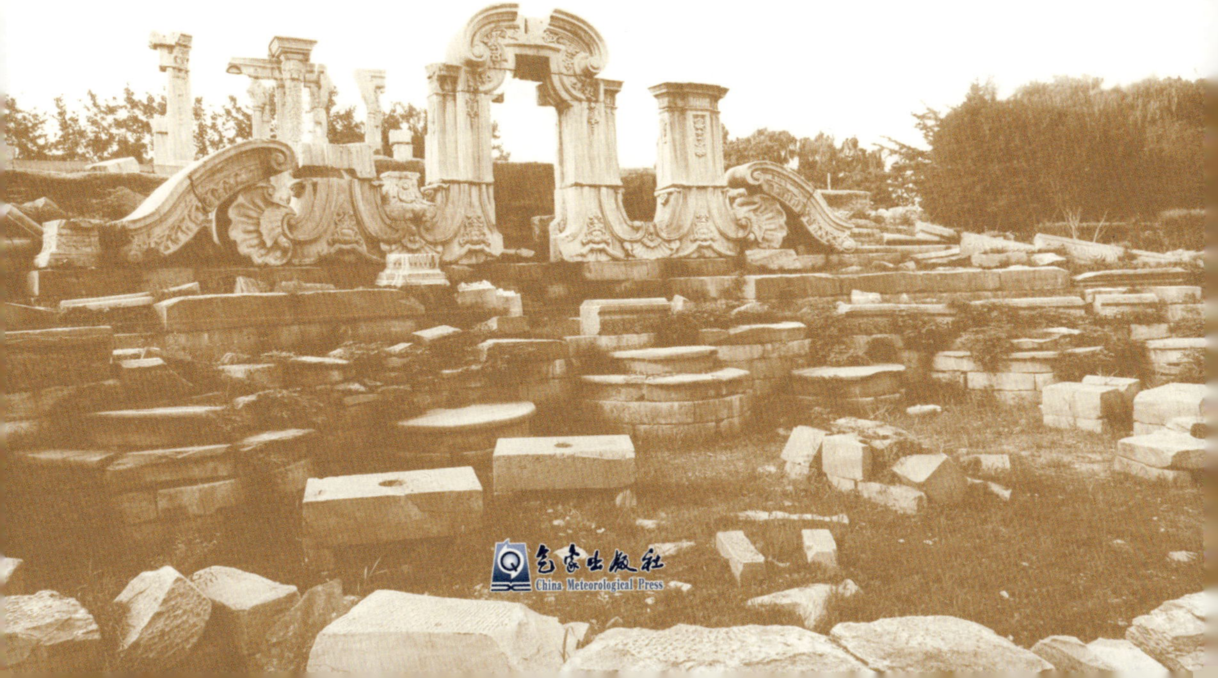

气象出版社
China Meteorological Press

内 容 简 介

本书以圆明园的各个景区、景点为主要题材，介绍了圆明园理政景区、西部景区、福海景区、长春园景区及绮春园景区，再现圆明园全盛时期的宏伟景象；同时提供了圆明园游览服务指南，使读者能够方便、快捷地了解游览信息。

本书图文并茂，深入浅出，便于读者理解圆明园被誉为"万园之园"的真谛。本书适用于广大旅游爱好者、喜爱中国传统文化的相关人士、导游人员（中、高级）、普通高校旅游管理等相关专业的师生等。

图书在版编目（CIP）数据

追寻远去的盛景：圆明园 / 单志刚编著 . -- 北京：气象出版社，2019.8
ISBN 978-7-5029-7034-5

Ⅰ . ①追⋯ Ⅱ . ①单⋯ Ⅲ . ①圆明园—介绍 Ⅳ . ① K928.73

中国版本图书馆 CIP 数据核字（2019）第 184445 号

追寻远去的盛景：圆明园
ZHUIXUN YUANQU DE SHENGJING: YUANMINGYUAN

出版发行：气象出版社	
地　　址：北京市海淀区中关村南大街 46 号	邮　　编：100081
电　　话：010-68407112（总编室）　　010-68408042（发行部）	
网　　址：http://www.qxcbs.com	E-mail：qxcbs@cma.gov.cn
责任编辑：邓　川　王　聪	终　　审：张　斌
责任校对：王丽梅	责任技编：赵相宁
封面设计：景粤强	
印　　刷：北京地大彩印有限公司	
开　　本：710mm×1000mm　1/16	印　　张：9
字　　数：166 千字	
版　　次：2019 年 8 月第 1 版	印　　次：2019 年 8 月第 1 次印刷
定　　价：59.00 元	

前 言

　　圆明园坐落在北京市海淀区，位于北京大学的北边，清华大学以西，又有着西山、海淀诸湖等得天独厚的外部山形水系，映衬出一片自然风光。圆明园是部清史，历经150多年的岁月，也是中国园林史上的巅峰之作。如今的圆明园显得有些凄凉，踱步在圆明园山高水长的小道上，两侧草丛中的虫鸣声响起，夕阳染红了天际，秋风吹过渐凉，阳光退去的时候，这里便成了花鸟虫草们的世界了。

　　这一景象，怎么能想象出清代时期圆明园曾经有着"三千宠爱在一身"的荣耀呢！而今渐行渐远，圆明园没有了那样气势恢宏的建筑。这段耀眼的时光终究还是需要我们作个总结，勾勒出昔日的辉煌。

　　圆明园在康熙四十八年（1709年）开始建造，最初就是康熙赐给皇四子胤禛（即后来的雍正）的一座"赐园"。圆明园如此庞大的工程，设计却极其精细，一山、一水、一建筑，都是经过认真推敲、精细构思出来的。在雍正三年（1725年），雍正开始在圆明园南墙外增建处理朝政和举行典礼的宫殿衙署。圆明园成为兼具"苑囿"和"宫廷"双重功能的离宫型园林。扩建后的圆明园，在雍正时期已经具备28处重要的建筑群了。从雍正元年（1723年）开始的园林景观内部的苦心经营，让圆明园诞生出壮丽的小山河，而圆明园的陨落也如同一部悲剧，生生地屹立在那里，只能让人们去追忆。

　　乾隆历经祖、父近百年的经营后，终于实现了国家统一，政治稳定，经济发展，财力充裕，这也为乾隆大兴土木提供了物质基础。乾隆当政期间，凡是重要的园林建设他都亲自过问。他有时直接参与园林的规划设计。对于圆明园的营缮工程，乾隆始终不遗余力。圆明园"四十景"最终建成，乾隆还命如意馆画家沈源和唐岱共同绘制了"四十景图"。此外，乾隆还拓建了长春园和绮春园。乾隆十四年（1749 年），长春园开始动工兴建。至于长春园的修建，更具休闲游乐氛围。长春园的营建活动持续了 40 余年。在此期间，熙春园、绮春园、春熙院先后归入圆明园统一管理。从此，圆明五园步入规模最宏阔的时期。

嘉庆在乾隆归天后，才真正以皇帝身份入住圆明园，同时他也继承了乾隆修建圆明园的事业。嘉庆将营建工程几乎全部集中在绮春园。经过大规模修缮、改建后，圆明园、长春园、绮春园统归圆明园总管大臣管理。春熙院不久赏赐给庄静固伦公主（嘉庆的第四女）居住，圆明五园变成了圆明四园。

道光、咸丰时，虽然国势日衰、财力不足、阶级矛盾异常尖锐，但仍不遗余力进行修建。就这样，经过雍、乾、嘉、道、咸五代帝王 150 多年的不断经营，集中了全国的能工巧匠，花费了巨大的人力和物力，精心经营建造了这座园林艺术上的不朽杰作。

圆明园于 1860 年被焚烧以后，虽在同治、光绪年间略有修复，然而在 1900 年，再次遭到八国联军的洗劫，致使同治、光绪两朝少数修复的建筑也荡然无存，只留下不可磨灭的记忆……

目　录

圆明园《四十景图》——正大光明

第1章
圆明园总览

圆明园被誉为"万园之园"一点也不为过。罗马不是一天建成的,圆明园也同样是,建设圆明园耗费了几代人的心血。世界一流的设计师、工程师汇聚于此,不断地加工完善,才换来它永载史册的伟大与光荣。

这是一段历史的追忆。在康熙四十八年（1709 年），康熙将北京西北郊畅春园北的一座园林，赐给他的第四子胤禛，并亲题匾额"圆明园"。圆明园坐落在西山与海淀诸湖河得天独厚的山水环境中。圆明园由圆明园、长春园、绮春园（后改名为"万春园"）三园组成，是清朝帝王 150 余年间创建和经营的一座皇家宫苑。圆明园是兼具"苑囿"与"宫廷"双重功能的离宫型园林。

雍正继位后，就开始对圆明园进行了长期的苦心经营，布置园中仿照中国地貌的山形水系而建。雍正二年（1724 年）的《风水启》已明确概括了园内山水的大致框架和走向，即以西北为首，流向东南，包罗九州四海，寓意帝王的一统天下。雍正三年（1725 年），雍正在圆明园南面增建宫殿衙署，占地面积由原来的600 余亩扩大到 3000 余亩。自雍正三年（1725 年）起，雍正从此开始园居理政。其后清朝历代皇帝沿为惯例，圆明园逐渐成为另一个政治中心。

乾隆继位后 60 年里，又对圆明园进行了疏浚水道、移置土石的种种增建营构。在旧有圆明园的范围内调整园林景观，同时也增建了若干建筑组群以丰富园景。其中较为重要的有 12 处。乾隆命名的"四十景"中，有"二十八景"是雍正曾经题署过的，也就是说，雍正时期圆明园已经具备 28 处重要的建筑群了。经祖、父近百年的经营，乾隆继位后的国家政治稳定，经济发展，财力充裕，终于实现了国家统一。乾隆在位期间清朝国力达到鼎盛，这也为其大兴土木修建圆明园提供了良好的物质基础。

乾隆对圆明园营缮最勤，花费也最大。他倚仗天子的权威和财力充裕，从全国征调能工巧匠，大肆修建圆明园。乾隆曾六下江南，足迹遍及江南园林精华荟萃的扬州、无锡、苏州、杭州、海宁等地。每到一地，他都要访古迹、观胜景、游名园，被江南水乡的迷人景色和典雅的园林所陶醉。苏州"狮子林"的怪石古树、美丽的杭州"西子湖"、小巧玲珑的南京"瞻园"、幽静的扬州"瘦西湖"等各具特色的园林，就像一幅幅优美的长卷画，阆苑瑶池、琼楼玉宇也不过如此。他喜爱这些景色，渴望占有它们。但作为皇帝不能久居江南，为把这些令人向往的美景搬到京城，每次出巡他都带着画师，让画师把他看中的胜景名园摹绘成册，携图回京，让能工巧匠按图在圆明园仿建，使江南秀丽的景色在圆明园中再现。他一边改造扩建旧景区，一边添建新景区。经过大规模的扩建、增建，到乾隆九年（1744 年）完成了雍正时已初具规模的圆明园四十景：正大光明、勤政亲贤、九州清晏、镂月开云、天然图画、碧桐书院、慈云普护、上下天光、杏花春馆、坦坦荡荡、茹古涵今、长春仙馆、万方安和、武陵春色、山高水长、月地云

居、鸿慈永祜、汇芳书院、日天琳宇、澹泊宁静、映水兰香、水木明瑟、濂溪乐处、多稼如云、鱼跃鸢飞、北远山村、西峰秀色、四宜书屋、澡身浴德、平湖秋月、蓬岛瑶台、接秀山房、别有洞天、夹镜鸣琴、廓然大公、坐石临流、洞天深处、方壶胜境、曲院风荷、涵虚朗鉴。圆明园四十景建成后，乾隆命宫廷画家沈源、唐岱绘制四十景图。这就是我们今天看到的圆明园工笔界画四十景图。

　　乾隆在扩建圆明园的同时，将圆明园东面水磨村一带拓建为"长春园"。园名之所以取"长春园"，是因为乾隆在少年时雍正赐他在"长春仙馆"居住，并赐号"长春居士"，在那里读书，就以当年的赐号名为建筑名称。

　　乾隆要修建长春园，其实他归政后并未在长春园颐养天年。长春园实际是圆明园工程的延续。乾隆十年（1745年）长春园开始动工兴建，乾隆十二年（1747年）基本建成。长春园由宫门区、中央、西部和东部各主要风景区组成，是乾隆归政后颐养天年、游息玩赏之地。

　　乾隆扩建的是长春园与绮春园，其中长春园位于圆明园东面水磨村一带。经过雍、乾、嘉、道、咸五代帝王150多年的不断经营，花费了巨大的人力和物力，才建成了这座举世闻名、宏伟瑰丽的大型皇家园林圆明园。

　　自1860年英法联军火烧圆明园之后，圆明园几经变迁，损坏极大。尤其是日占时期，园内部分遗址就在"奖励农业"的口号下被平山填湖，改为了水田，昔日园林的山水景观几乎不可辨认，好在基本的山形水系至今依然存在。2000年，北京市政府制定了《圆明园遗址公园规划》，确定了遗址公园的保护原则。山形水系的恢复在圆明园园林的景观中占有重要地位。依据规划，圆明园公园管理处近年来不断整治园内环境，渐次恢复园内山形水系。

🌸 1.1　雍正建园的作用

雍正生于康熙十七年（1678 年）十月十三日，原名胤祯，后改名胤禛。四阿哥胤禛在康熙四十七年（1708 年），遇上了清王朝举朝震惊的废太子事件。康熙宣布废黜已册立 24 年的皇太子。朝政动荡，皇子分裂，康熙很是烦恼。这时的胤禛已被册封为和硕雍亲王，康熙四十八年（1709 年），圆明园完工后不久，四阿哥胤禛就迁入圆明园居住。他运用韬光养晦的策略，把自己打扮成清心寡欲的富贵闲人。

建造园林是文化，是艺术，但也不能脱离当时的政治。皇四子在圆明园中建造了颇具田园风光的农耕、原野景象。还在园中建造了一些仿历史名人的文人园林，如源自陶渊明《桃花源记》的武陵春色，源自杜牧"借问酒家何处有，牧童遥指杏花村"的杏花春馆，还有模仿王维的"辋川图"建造的北远山村等，向外界表示自己清心寡欲、与世无争，只想过淡泊宁静的生活，不像他的兄弟们那样关注皇位。当时圆明园与康熙驻跸之地畅春园并非相邻，两者之间隔有其他王公和宗室的花园。四阿哥并非唯一得到赐园的皇子，也不是康熙最初钦定的接班人。

然而，康熙末年诸阿哥纵横捭阖的夺嫡斗争中，即便四阿哥真正崇仰佛法，他也不会皈依佛教真正的淡泊慈悲情怀，如同其他皇子一样，他也着意于获得康熙的赏识，也想得到帝位。面对野心勃勃的兄弟们，如何获得父皇的钟爱和信任才是生存之道。

康熙晚年最头疼的问题是他的儿子们拉帮结派、明争暗斗，虎视眈眈地盯住太子之位。太子在位时，必欲取而代之；太子被废时，暗潮更加汹涌，皇子们互相倾轧，希望自己幸运地成为下一位储君。四阿哥则反其道而行之，使自己处于暗处，暗中观察别人的行动，直到太子、大阿哥、三阿哥、五阿哥、八阿哥、九阿哥等风云人物被康熙斥责甚至圈禁后，只有四阿哥仍能安居圆明园，并以地近畅春园之利，更有机会接触康熙及其亲信的王公大臣。实际上，圆明园里雍亲王四阿哥正在处心积虑谋划夺取太子之位乃至皇帝之位。雍亲王把自己藏于深山园林之中，只不过是掩人耳目罢了。不管正式即位也好，篡改密诏也罢，在第一时间做出迅速反应并控制了所有皇位觊觎者的人正是四阿哥，更使得康熙亲题的"圆明园"名副其实。

圆明园从进门起，无时不在提醒着大家，园子的主人是个好皇帝。雍正常常加班到深夜，确实和勤政亲贤殿名副其实。殿内挂满了雍正题写的警训"为君难，创业守成难易说"等。后面的"九州清晏"更是表达了天下大统的意愿，基业千秋万代，一统河山。

△方壶胜境遗址夏景

　　雍正勤于政务，同时为了保证自身安全，除了不得已外出参加祭祀活动以外，平生极少离开京城，大多时光在圆明园内度过。自雍正三年（1725 年）秋，雍正首次驻跸圆明园后，圆明园取代了畅春园的地位，成为既有宫廷又有苑囿两种功能的皇家园林。这也开启了后世皇帝在圆明园理政的先河。雍正即位之初就开始扩建圆明园，使其成为紫禁城之外的另一政治中心。

　　雍正当了 13 年皇帝，于雍正十三年八月二十三日（1735 年 10 月 8 日），在圆明园"九州清晏"殿猝然去世。

1.2　乾隆扩园与用处

　　乾隆在位期间国力达到鼎盛，这也为圆明园的营缮工程提供了物质基础。他首先在旧有圆明园的范围内调整，始终不遗余力地增建建筑景观，大兴土木。

　　乾隆六下江南，切身领略了江南名园的风致雅趣，凡是重要的园林建设，他都亲自过问，有时直接参与园林的规划设计，试图再现他在扬州、苏州、杭州、海宁等地所见名园的奇巧。其中较为重要的有 12 处，连同雍正时期的二十八景，四十景最终建成。乾隆还命如意馆画家沈源和唐岱共同绘制了四十景图。

　　乾隆还拓建了长春园和绮春园。长春园位于圆明园东面水磨村一带，营建活

△谐奇趣遗址秋景

动几乎持续了40余年。乾隆在长春园建造西洋楼的想法来自他认为大清帝国是天朝大国，理应拥有媲美于凡尔赛宫的喷泉。乾隆十二年（1747年）59岁的郎世宁奉命参与圆明园西洋水法工程设计。虽然这位传教士并非科班出身，但为表达对中国皇帝的衷心热爱，他还是不畏酷暑风雨，成功地把一系列壮美的欧洲建筑移植到长春园。植物学家戴卡维绘制了这座园林的布局，神父杨自新制作了由郎世宁设计的钢栏杆。此外，传教士艾启蒙、建筑师利博明等人也参与其中。他们所用的建筑书籍或从欧洲带来，或向北京的3个基督教机构借阅。西洋楼落成后，乾隆举行了盛大的典礼。

乾隆一年中的大部分时间都住在圆明园，在圆明园处理政务的时间也最多，在圆明园设宴、引见官员、办理殿试等成为很平常的事情，没有大臣会认为在园中朝会不合正统，由此，圆明园成为乾隆时期最重要的政治中心。

乾隆希望大臣们将圆明园当作紫禁城一般，保持着大内纪律的森严。虽然皇帝本人在圆明园可以稍稍疏于礼节，不必那么正式，但他决不允许臣子如他那么随意。圆明园归内务府三院上驷院、武备院、奉宸院中的奉宸院管理。

乾隆五十四年（1789年），奉三无私殿举行宗亲宴，皇子、皇孙、皇曾孙、皇玄孙及诸王群集于此。皇玄孙载锡首次参加盛宴，实现了皇室"五世同堂"之庆。乾隆给所有赴宴的儿孙发放红包，每人一个。乾隆所有的后裔都得到了红包，唯有后来的十五皇子永琰没有得到红包。当他向父皇索要时，乾隆悠悠地说："你还要它干什么？"永琰立即明白皇帝原来是话中有话，其他在场的宗亲也明白了乾隆已秘密立永琰为皇储。

1.3　劫难与修复的回味

乾嘉时期，圆明园建设大体完工，其中圆明园、长春园、绮春园统归圆明园总管大臣管理。因此，长春园、绮春园也可视为圆明园的附园。

乾隆归天后，嘉庆才真正以皇帝身份入住圆明园，同时他也继续修建圆明园。嘉庆亲政后，第一件事就是惩处权臣和珅，公布其犯有二十大罪状，将其在圆明园周围的赐园收回，重新分赐给公主和亲王。

绮春园原是康熙十三子怡亲王允祥的赐邸交辉园，大约建于康熙末年，后来改赐大学士傅恒，改名春和园。乾隆三十四年（1769 年）傅恒次子福隆安死后，这座园子正式归入御园，定名为绮春园。

道光是清朝诸帝中最为节俭的君主，但我们从他对修建圆明园的态度上却看不到这一点。道光时期，圆明园里修建了不少戏台，道光也只能以看戏作为难得的休闲和享受了。不过道光把熙春园赏赐给了惇亲王（嘉庆第三子），圆明五园从此变成圆明三园。

鸦片战争后的第十个年头（1850 年），这位节俭一生的道光皇帝在他偏爱的慎德堂里走完了人生。皇四子奕詝继位，即咸丰。咸丰从父亲那里接手的不再是强盛与富足，太平天国起义、第二次鸦片战争，都使国家的军费开支猛增，圆明园的扩建恐怕是有心无力。更令人心痛的是，就在咸丰登基 10 年之后，圆明园罹遭焚毁大难。

咸丰十年（1860 年），英法联军进犯京师。咸丰退守两难，最终打着"北巡"的幌子，仓皇从圆明园逃奔承德避暑山庄。帝都无主，百官皆散，军卒志懈，英法联军趁机绕京城东北郊直扑圆明园。法国侵略军首攻占圆明园，这些侵略者可能祖祖辈辈都没见过这么多的金银珠宝和艺术珍品，再也不能遏制自己的占有欲，大肆抢劫，末了还一把火毁了这座经营了 150 年的恢宏宫殿。圆明园被毁的第二年初秋，这位咸丰皇帝带着惊悸和遗憾撒手人寰，留下残破的江山交与同治和慈禧太后这对孤儿寡母手中。

同治的孝心促使他想重修圆明园，以便母后慈禧居住。同治十二年（1873 年），这位年轻的皇帝发布上谕，择要重修圆明园。此后，烫样、看风水、堪舆等各项事宜逐步展开，绮春园也就此改名为"万春园"。然而，众大臣对重修圆明园却微词颇多，大学士文祥坚定地表达了自己的观点，以财政困难、无力筹款，奏请停修圆明园。此次重建活动最终只好止步于设想和规划。

光绪二十二年（1896 年），慈禧太后和光绪数次来到圆明园，重新启动圆明园的修复工程。光绪二十六年（1900 年），八国联军入侵北京，圆明园再遭浩劫，被彻底毁坏。

辛亥革命后，园内遗存的大量碑刻、石雕、太湖石、砖石、山石、围墙等遗物，遭到军阀、官僚、西洋人等长达近半个世纪的大规模的拆抢。

到新中国成立前夕，圆明园已变成一片荒凉的废墟。新中国成立后，圆明园才得到新生。

圆明园无疑是有灵魂的，如同有思想的人，传达的并非单一园子。圆明园的中西方设计者们秉承了这一理念，这座园子蕴含了建造者在修建时所倾注进去的思想，让我们回到100多年前最盛的圆明园，静心浏览，然后细细品味。在那视野所及的湖光山色，探寻那些亭台楼阁、舟舫埠坞背后的故事。

△ 鉴碧亭冬景

第2章
理政景区

　　圆明园作为紫禁城之外清代最重要的处理朝政中枢和统治中心，其规格形制突破了一般园圃的局限，最典型的是其大朝典礼区域。正大光明和勤政亲贤都在圆明园内。

圆明园《四十景图》——勤政亲贤

圆明园兼有宫和苑的双重功能。它的修建自雍正开始，历经乾隆、嘉庆、道光、咸丰五朝共150多年之久。王朝皇帝大部分时间都生活在圆明园内，只是每年冬至天坛祭天前夕，才回到城内皇宫。第二年正月上辛（即农历正月第一个辛日），南郊祈谷礼后又移居到圆明园。既然帝王及其后妃们常年大多数时间都居于园中，皇帝又要上朝听政、办公、处理政务，为此在圆明园中也建了理政区。

雍正为亲王时久居圆明园，沉醉于山水田园放松身心。为了长时间居住在圆明园，雍正即位后就开始在圆明园之南设立朝堂。雍正四年（1726年），雍正为父母服丧3年完毕，正月十三日正式搬进了圆明园。当时正值元宵节临近，王公大臣们向迁居圆明园的皇帝赠送了3000对灯笼以示庆祝。正月二十日雍正在勤政殿，正式宣告圆明园成为紫禁城外的又一政治中心。

雍正专门规定了四季官员们在圆明园的办公时间。雍正召集廷臣制定了轮流奏事制度，规定此后八旗定为八天制，每天有一旗奏事，依次轮流。经过雍正的督促和严厉批评，大臣们逐渐习惯了皇帝在圆明园里处理政务。雍正考虑到北京冬天凛冽的寒风，特准年事已高的老臣不必来圆明园早朝。为避免日复一日的舟车劳顿，许多官员开始在圆明园周围购置府邸，雍正也把一些附近的园林赐给亲信大臣。

正大光明与勤政亲贤理政区，是皇帝园居接受朝拜、听政议政、处理公务、接见外使的地方。在长达150多年的时间里，圆明园成为紫禁城外第二个政治中心，具有特殊地位。

勤政亲贤遗址秋景

2.1　正大光明——多功能大殿

正大光明殿是圆明园正殿，位于圆明园大宫门之内。南起宫门前大影壁，北至正大光明殿后之寿山，东西以如意门为界。此殿为御园正衙，是举行朝会与重大庆典之所，功能类似大内太和殿、保和殿，其实就是一个多功能大殿。

△正大光明殿遗址

正大光明殿及其大宫门建成于雍正三年（1725 年），在八月二十七日，雍正首次驻跸圆明园。宫门内七间大殿，内檐高悬雍正御书"正大光明" 4 字匾。雍正就此开了清朝皇帝长年居住圆明园处理朝政的先河。

正大光明殿和左右配殿均为灰瓦卷棚顶，门窗使用步步锦花纹，整体形象还是比较朴素的。但乾隆五十八年（1793 年），英使们所见到的正大光明大殿，完全成了一座富丽堂皇的大殿了。

雍正在正大光明殿举行日朝上朝、生日朝贺、庆贺节日、赐宴亲藩、宴请廷臣，还在此举行大考翰詹、散馆乡试与复试。皇帝生日的当天早上，文武大臣都要穿上正式朝服，在正大光明殿前集合。品位较低的官员则集合在更远的二宫门。皇帝盛装出席，并由侍候在侧的官员逐一宣召殿内，接受他们的祝福。

在这个庄严恢宏的正大光明殿殿堂里举行朝会和重大庆典。这些庆典可分为六大类。

一是皇帝寿诞时，皇子皇孙、宗室王公、文武大臣、外藩王公和外国使臣在此向皇帝行庆贺礼，皇帝也在这里宴请各位宗亲臣工。

二是接见较为重要的外藩来使和外国使臣，乾隆十八年（1753 年），乾隆在此接见一位葡萄牙使臣巴哲格，乾隆五十八年（1793 年），仍在此接见了英使马戛尔尼一行。

三是举行科举殿试之后的御殿"传胪"，即钦定状元、宣布新进士甲第的典礼。

四是御殿赐宴凯旋诸将士。道光八年（1828 年），道光平定回疆叛乱后，在圆明园正大光明殿前赐宴凯旋诸将士，清宫画师为此绘制《平定回疆战图册·赐宴凯旋将士》。

五是公主下嫁的成婚定礼在此举行。

六是在正大光明殿举行御考，包括大考翰詹、散馆考试、复试乡试取中的举人和考试京堂各官等。

每年新正，大宫门内高悬大红宫灯 18 架，正大光明殿悬挂"鳌山灯"，殿前例设烟火。此例始自雍正朝，乾隆朝则烟火特盛，为白昼燃放。雍正八年（1730年）正月初四，正大光明殿上安的西厢鳌山灯与万国来朝鳌山灯，仍照例安设，其余各处鳌山灯不必安设，嗣后照此例。乾隆三十九年（1774 年）正月，正大光明殿内现设西游鳌山上米家扇并横楣、万国来朝鳌山上米家扇并横楣收拾见新。乾隆二十一年（1756 年）正月十七日至二十日、二十六日、二十八日和二月十一日，乾隆曾 7 次皆于清晨至正大光明殿看拧鳌山。

正大光明殿还是皇帝去世后停留灵枢的地方。道光三十年（1850 年），道光驾崩于圆明园慎德堂，梓宫奉移于正大光明殿行朝奠礼。当然，这也是最后一次。10年后，直至咸丰十年（1860 年）圆明园被英法联军洗劫一空，毁于英法联军劫掠，纵火焚毁。

同治十二年（1873 年），慈禧太后和同治皇帝试图局部重修圆明园，至次年七月因财力枯竭被迫停工。光绪二十六年（1900 年）八国联军入侵北京，慈禧太后挟光绪皇帝逃往西安，京畿秩序大乱，园内残构均彻底毁于兵匪。

△大宫门遗址考古发掘现场

圆明园罹劫后又经百年风雨，2000 年已全部拆迁，1998 年福海清淤时将此地垫土植树绿化。宫门前大影壁原址，今在市民政局果园内。

2.2　勤政亲贤——皇帝办公区

勤政殿又称勤政亲贤，在正大光明殿东，有五间殿堂。建成于雍正三年（1725 年）。雍正在八月首次驻跸圆明园，自此即在勤政殿召诸王大臣理事。勤政殿为皇帝政治活动提供了办公场所。勤政亲贤是前朝区的重要部分，就是皇帝的办公区。

雍正御书"勤政亲贤"与"为君难"两幅匾额。御书说的是从继承帝业开始，要倾听群言，辨别是非，而清浊分明，君子要有大明贯于始终，当政不能逸豫，这是勤政亲贤的意义表达。这些都体现了勤政的主旨。

雍正、乾隆、嘉庆、道光、咸丰五帝在园内召诸群臣御门听政（亦称理事）必在此殿，勤政殿又是皇帝平日披省章奏、召对臣工、引见官员和会见外藩王公之处。清代帝王苑囿中凡听政之所，多以勤政名之。

勤政亲贤从雍正年间开始修建，乾隆、道光、咸丰三朝不断扩建改建，形成自然的四合院布局。雍正在勤政殿中题写"无逸"匾额，勉励自己处理好勤政与享乐的关系，居住在园子里可以放松下来，这样就促进了处理政务的速度，来勉励自己，不可贪图安逸而疏于政务。

雍正每天在圆明园中处理政务跟在紫禁城处理政务的方式完全一样。夏天在勤政殿中召见大臣，春、秋两季则在书房召见。勤政殿外有种植许多竹子的芳碧丛，盛夏时节雍正从勤政殿暂时搬到这里办公、用餐。

雍正要求自己勤政的同时，更不允许臣下偷懒。雍正规定凡三品以上官员都有给皇帝递送奏折报告政务的权利，因此上千名京内外官员每天上呈的奏折、密折最多竟达千余件，皇帝都要一一审阅，及时批示回复。雍正执政的 13 年里，批阅过的奏折数量庞大，相对来说比较勤政，尤其雍正在位期间，大大丰厚了国家的物质储备，培养出廉洁的官员队伍和清明的吏治环境，为乾隆盛世

△ 大宫门遗址出土的圆明园山门琉璃件

勤政亲贤遗址

的到来奠定了扎实的基础。

　　1860年圆明园罹劫时，勤政亲贤被焚几尽，仅存殿前垂花门外侍卫房、部分值房及吉祥所宫门、头二三层房等，当时司房库尚设值宿坐更。同治年间试图局部重修圆明园时，勤政亲贤属修复重点，并添修值房、更房九间。1900年皆毁于八国联军战乱。

　　勤政亲贤遗址的西部为南北通道和民居，东部为海淀乡畜牧大队原鸭厂占用，2001年底前拆迁。该遗址今已恢复山形，并进行了全面平整绿化。

△勤政亲贤遗址叠石

第3章
西部景区

　　后湖九岛上精巧的殿、阁、楼、堂、亭等建筑及各式的山石、树木、花草，组成各自独立而又彼此相借成景的景观。在水平如镜的湖水之中，倒映着周围美丽迷人的景色。后湖沿岸的山水、亭台楼阁，在月光笼罩下都蒙上了一层朦朦胧胧的银灰色，这景色简直使人如痴如醉。

圆明园《四十景图》——九州清晏

圆明园西部中心区的九州景区，是以后湖为中心环绕着的 9 个小岛，将后湖团团围住，就像一朵绽放的莲花。花瓣上建筑精巧，形态各异。这些各具特色的景区自南而西，再从北向东依次是：九州清晏、茹古涵今、坦坦荡荡、杏花春馆、上下天光、慈云普护、碧桐书院、天然图画、镂月开云。它们环绕着后湖，拱卫着后湖。这后湖九岛虽然深含着"普天之下，莫非王土"、一统九州、天下升平的帝王思想和政治愿望，却又是大胆的构思和丰富的想象。同时整个景区外圆内方的形状，使人联想起"天圆地方"的宇宙观念。

△后湖冬景

接下来是圆明园西部第二大区域，这里以自西向东的水路为主，西北面我们可以看到一个大岛，这便是濂溪乐处，它是整个圆明园西部最大的园林。以水为隔的南边，是以《桃花源记》为蓝本修建的武陵春色。顺水而行，向东去欣赏文源阁，是藏书楼，它的西边是仿建西湖的柳浪闻莺。回到我们的主河道上，水流尽头是坐石临流，它北面有座仿建的兰亭，可以在这里感受一下王羲之兰亭雅集的品位，这在别的园林是看不到的。南边是热闹的看戏场所同乐园。这使得帝王们在圆明园居住的业余生活也丰富多彩起来了。

圆明园最北这条狭长地带是北部景区，也是圆明园最后一部分景区。这里分布着"紫碧山房"景点，其建筑以农林田舍为主，西部多稻田和荷池，呈现出一派田园风光。在这里渔舟唱晚，稼轩林立，有如一块安逸的净土，让人忘记尘世的喧嚣。

3.1　九州清晏——帝后宫寝

九州清晏是雍正时期皇帝与后妃在圆明园的寝宫。九州清晏的正南面是前湖，正北面是后湖，四周河道纵横，形成了规模宏大的水上宫殿岛屿。九州清晏居于九州之首，从这个寓意来看，九州清晏意味着九州大地河清海晏，天下升平，江山永固，故得名九州。

九州清晏由圆明园殿、奉三无私殿、九州清晏殿组成，合称为圆明园三殿。其他建筑主要是帝后的寝宫。

无数清宫影视剧演绎出了那道深且长的红墙之内的步步为营、钩心斗角。在这三宫六院居于一处，众首翘盼皇帝一人的恩宠，争斗和阴谋怎么可以避免。而今这一切已是过眼云烟，人去楼空令人感到更为神秘。

圆明园殿是九州清晏中路前殿，为歇山式屋顶。前檐悬挂着康熙御书"圆明园"三字匾额，被视为圆明园的正殿。这个岛的中心建筑为奉三无私殿，最北为九州清晏殿。中轴东有"天地一家春"、后殿和泉石自娱。西有慎德堂。这些建筑先后经过雍正、乾隆、道光、咸丰四朝的营缮。九州清晏殿在雍正初建时即是园内的主要寝宫，而雍正后来就暴死在此殿。

乾隆继承大统后，他将生母孝圣皇太后接到自己喜爱的长春仙馆孝养。乾隆以孝子著称于世。其后，他又专门开辟瓮山清漪园作为皇太后园邸。皇太后在圆明园的寝宫仍为长春仙馆。平日晚餐后，乾隆经常在九州清晏等待皇太后驾临，母子结伴观赏缤纷灿烂的花灯表演。皇太后离开后，乾隆才回九州清晏就寝。

中殿奉三无私殿的功能很多。首先它是御园祭殿，摆有祭殿神供，神供摆设

△ 九州清晏石碑

与大内乾清宫东暖阁和避暑山庄依清旷殿相同。乾隆每年二月初一祭太阳神也在奉三无私殿设供。奉三无私殿还是正月举办各种筵席的地方。每年正月十四日皇帝在此举办宗亲宴。宗亲宴是上元三宴之首，又被称为上元前一日奉三无私宗亲宴，赴宴之人都是皇帝钦点的皇子皇孙和近支王公。乾隆五十四年（1789年），首次五世同堂宴也在此殿举办。

慎德堂原来称作乐安和，是乾隆、嘉庆二帝夏日居住的寝殿。道光十一年（1831年），乐安和拆除，改建为慎德堂。同年五月，道光迁入慎德堂居住。道光三十年（1850年）正月，道光在这里驾崩。

基福堂在慎德堂西侧，是前后有廊的南向五间大殿，道光十一年（1831年）在清晖阁的基础上拆建而成，当时称为湛静斋，是道光全贵妃的寝宫。当年的六月初九，咸丰就出生在这里，全贵妃在3年后被立为皇后，道光二十年（1840年），全贵妃病逝于此。咸丰五年（1855年），湛静斋改名基福堂，依然作为皇后寝宫。天地一家春是后妃寝院的总称，最早始自雍正年间。天地一家春殿又被称为山容水态。有趣的是，天地一家春后殿挂有《多子图》一幅，体现了皇家祈求多子兴旺的愿望。后妃有趣的宫廷故事，集中在天地一家春。就史实而言，嘉庆

△ 九州清晏遗址

出生在这里，他曾在御制诗中提道"予生于乾隆庚辰岁御园内天地一家春"。慈禧太后当初入宫时也住在这里。咸丰各妃嫔的寝居之处，在天地一家春殿穿堂西侧，三间是"懿嫔住"，懿嫔女子下屋即宫女的工作屋舍，在南边偏西院里。懿嫔就是后来的慈禧太后。后殿东三间、西三

△ 三一八烈士墓

间分住礅贵人和容贵人。泉石自娱东头五间分住明常在、英贵人，西边三、四次间住鑫常在。杏树院三间正房住玫贵人。西北东院后正房三间住丽嫔，前正房三间住蹲贵人。西院前正房三间住婉嫔。各妃嫔宫女下屋皆在就近南房或厢房。整个九州清晏是圆明园的内围禁地，除了近侍太监和宫女之外，所有官员、园户、匠役都不得擅自越过本岛的各座桥梁。

1860 年圆明园罹劫时，九州清晏六七百间殿轩廊榭，唯独残存慎德堂直南临湖"敬事房"南房十间。同治十二年（1873 年）试图择要重修圆明园，至翌年七月因财力枯竭被迫停工。后在光绪二十二年（1896 年）至二十四年（1898 年）间，九州清晏仍有多次小型修缮，并设首领太监住守，直至 1900 年皆彻底毁于八国联军战乱。1929 年在原奉三无私殿前院东偏太监房、茶房一带，修建成一座大型"三一八"烈士纪念碑。

九州清晏遗址为海淀乡畜牧大队所占，2001 年已全部拆迁。原慎德堂南边的高台山石仍残存。遗址及整个后湖景区现正在进行全面清理整治。

3.2 茹古涵今——皇帝冬季读书之地

茹古涵今是皇帝冬季读书的地方，装修比较古朴。茹古涵今也总称韶景轩，修建在乾隆四年（1739 年）前后。位于九州清晏西侧，东临后湖。主要建筑有茹古涵今、韶景轩、茂育斋、竹香斋等。

茹古涵今之意，是出自唐朝时期皇甫湜《韩文公墓志铭》中提道的："茹古涵今，无有端涯。"意思是对古代的事知道得很多，并且通晓现代的事情，形容知识丰富。如同这里所住的人，有博古通今的能力。

△茹古涵今石碑

这里一直是清朝皇帝与大臣谈古论今、吟诗作画的地方。茹古涵今前殿五间，有前后廊，内额为乾隆御书"茹古涵今"。书房室内陈设古朴精致，文房四宝齐备，可读书，可吟诗，可抚琴，可观画，可品茗，可焚香，可静思，可以说书房是各种雅趣的场所。茹古涵今内还收藏大量清历代皇帝及大臣们的书画原件，藏书浩瀚，如文源阁中藏有四库全书，还有一间小屋中藏有历代珍贵的字画与古籍善本，可供皇帝随时翻阅。

茹古涵今四周很平坦，没有高山，宽敞清幽，建筑修建得也较矮。茹古涵今盛时种植有松柳，竹香斋前为竹林。韶景轩位于最北部，方形大殿四面各显五间，四围有外廊，上层为重檐大亭。韶景轩内收贮一柄棕竹边竹股心铜轴二面黑纸应景字画扇。韶景轩二楼是欣赏西山及后湖最佳的地点。茂育斋东所殿三间，前后有廊，外檐挂雍正御书"茂育斋"匾。茂育斋修建于乾隆四年（1739年）前后，乾隆三十三年（1768年）有较大的改建，这里进行过全面拆瓦油饰大修，并拆盖垂花门一座，厢房六间拆去抱厦，拆盖净房一间，以及添砌院墙、拆墁甬路、拆搭地炕等。从装饰与布局就看出是读书之地。每一处书房处在山水之间，各有不同景致，可静听山水清音，可眺望西山群峰，可赏花观鱼，都是十分清幽的所在，适合静心沉思，也是皇帝处理烦冗政事之余的心灵家园。

茹古涵今之西边为五孔踏跺木板桥，乾隆三十一年（1766年）曾装修过。茹古涵今遗址有居民村落计24户，2000年全部拆迁。

3.3 坦坦荡荡——仿杭州西湖"花港观鱼"而建

坦坦荡荡位于后湖西岸，仿杭州西湖花港观鱼而建。坦坦荡荡俗称金鱼池，池中有观鱼的水榭（光风霁月），有度夏寝室（半亩园），有进膳的堂屋（素心堂）。道光十九年（1839年）二月，道光皇帝侍奉皇太后来此堂游憩、进膳。

碧澜桥

　　坦坦荡荡四面环水，西北外侧有山，西、西南、东南均设跨溪木板桥，北面有一造型极其精美的石桥——碧澜桥。坦坦荡荡在后湖西岸，是皇帝饲喂与观赏金鱼的佳处，池子周围房舍下，池中锦鳞数千头。在乾隆二十一年（1756年），乾隆住园157天，曾来金鱼池喂金鱼达72次之多。亲自喂鱼取乐，可见乾隆最喜欢赏鱼，居园期间，经常在清晨的时候去素心堂的金鱼池。

　　光风霁月锦边壁子匾在外檐悬挂，在鱼池中心敞榭五间。此榭原额为怡情邱壑，乾隆四年（1739年）八月易本名。鱼池西北池上的四方亭，外悬雍正御书"知鱼"匾。在雍正四年（1726年）题额并御制"知鱼亭待月"诗。而"金鱼池"是后湖西岸的一处园中园，四面环水，西、北外侧复围土阜。西南、东南和西侧均设跨溪木板桥。而金鱼池在鱼池内外叠石颇多，并立峰题刻"坦坦荡荡"景名及青浮、红润的石刻。在水中以湖石叠成假山，其遗址已被发掘，大致景貌至今仍可辨别。

　　光风霁月特别是在用太湖石堆山的匠意上，有独到之处。太湖石堆山的布局采取不对称方式，西、北两山中隔环诸之水，围而不蔽，闭而不塞，有山重水复、峰回路转之趣。而在坦坦荡荡的造景时，既不受寺庙庭园形式的束缚，也未拘泥于院中凿池的格局，而是突出观鱼的主题建筑布局，采取半开敞的组合方式，不筑院墙，利用岛屿四周环水的条件，自成一境，成为园内的一个组成部分。严谨之中富于变化，因地制宜地进行构思，考虑到人在景境中生活、活动的意趣及兴致，巧妙地融合，构成统一和谐的整体。

　　坦坦荡荡遗址，在2004年经清理发掘，原古建基址特别是金鱼池四岸的条石和池中的众多环状叠石及藏鱼深潭颇为壮观。正是为生活、活动所需要的建筑，创造出具有自然意趣的景观。即使是水中的一座空亭也会成为精神凝聚的交点，这种审美感受，反映出传统的空间有着深邃的哲学思想根源。

△金鱼池

3.4　杏花春馆——田园山村

　　杏花春馆是后湖西北角落的一处园中园，建自康熙年间，初名菜圃，后亦总称春雨轩。

　　雍正五年（1727 年）二月挂有杏花春馆、杏花村御书匾。在雍正时期被称为杏花村，是取唐朝诗人杜牧的诗歌《清明》中的意境建造出来的，表达的是一种淳朴的田园情趣。乾隆在他的杏花春馆诗和序中叙述该景区所呈现的，恰似与"牧童遥指杏花村"的写照的含意有相似之处。由此可知，它是以农耕为主，也反映出重农思想。

△ 杏花春馆遗址

　　杏花春馆在雍正年间还有些农家味道，是一派村野景象，到乾隆年间已是面目全非。乾隆九年（1744 年）时，杏花春馆还是矮屋疏离，馆舍东、西两面临湖，西院有杏花村，馆前有菜圃。但是到乾隆二十年（1755 年）其中前部有较大改建，有大殿五间前后抱厦的轩（春雨轩），有重檐四方亭的杏花春馆，有斋，有土地祠，甚至还有城关，并添建春雨轩殿、涧壑余清宫门及南山得树亭等。其造园意境完全按乾隆想象中的山庄景色，仿乡村景色而建，后进行大规模增建。杏花春馆的叠山艺术很高，与阔然大公、狮子林的堆山有同等的艺术价值，其中部围绕着主要建筑的山峰为太湖石堆叠，与坦坦荡荡交界处为青石堆叠且有山洞及山亭装点。目前，杏花春馆遗址南部建筑基址已被清整出来，紧临基址有一大型太湖石假山，极为秀美壮观，景色更为精致。

　　杏花春馆山口外重檐四方亭，东临后湖，外檐悬雍正御书"杏花春馆"彩画木匾。馆前的菜圃里根据不同的季节，种植各类瓜果、蔬菜等，有着浓郁的田园景色。盛时的春季，杏花烂漫，皇帝在此采摘亲手种出的果实，确实是一种很好的体验。

　　杏花春馆主体建筑春雨轩，是于乾隆二十年（1755 年）命名的。乾隆二十一年（1756 年），乾隆在他的《春雨轩小坐因而成咏》诗中道出春雨轩对农业、农耕的关

△ 杏花春馆古井

心，反映的大多是对农时的关怀、春雨的多寡和对农作物的影响等。而日常奉祀土地祠中土地神非常重视，在信仰上是与日常生活息息相关的衣食父母，土地生五谷，祭祀土地神的地方自然随之兴旺。土地祠在当时每岁春、秋二季必有祭祀活动，其仿照群祀，而群祀在清代有祭群庙、群祠之典。

1860年英法联军入侵，杏花春馆被毁，仅存春雨轩殿、洞壑余清宫门、西侧值房和杏花村院内西殿以及土地祠，至1900年，全部毁于八国联军战乱之中。几经风雨摧残及人为破坏，除了假山，所有建筑已成废墟。至2004年，杏花春馆经清理发掘，其古建基址、河池、叠石等遗存较全。杏花春馆景区的遗址已能辨识。

但是该景区内屏岩这一城关刻石，却流落到今天西交民巷87号的四合院内。宅院内的太湖石、石刻、石雕艺术品，大都是圆明园的遗物。

🏵 3.5　上下天光——后湖中秋赏月佳处

上下天光初称湖亭，是临水的一处亭子。上下天光东临慈云普护，位于后湖北岸，是一处临水园林。

上下天光是借景洞庭湖的意境而建的观景之所，又因地制宜，追求山林湖泊野趣的自由环境，不由得使人联想起北宋文学家范仲淹《岳阳楼记》中的"春和景明，波澜不惊，上下天光，一碧万顷"诗句，这里呈现出天水相连、碧波万顷的洞庭湖美景。

我们站在对面九州清晏向北望，后湖北岸，只见一道长虹弯弯曲曲落在湖面之上，长虹中间矗立着一幢两层楼阁，楼阁之上青瓦卷顶，下层平台伸入水中，这是借景洞庭湖的岳阳楼之境。在楼前西边曲桥上的"饮和亭"匾额，为雍正四年（1726年）御笔，次年二月挂起的。此饮和出自《庄子·则阳》："故或不言而饮人以和。"其意是使人感觉到自在，享受和乐，是一句话不说，也能用中和之道给人以满足。雍正以动衬静，其意境主要落到致中和上。

△ 上下天光遗址

芦苇中的黑天鹅

上下天光在雍正初年就已经建成。其三面环山，主体建筑紧临后湖湖岸，叫涵月楼，是中秋节时雍正在此赏月的地方，也是圆明园中赏月的最佳地点。

在道光七年（1827年）时，上下天光楼增额涵月楼，并以此名总其称。楼后东北添建有方形建筑及一座大值房院，原楼前曲桥、亭榭及楼北平安院值房，似皆不存。此外，在涵月楼西夹河还添建了一组建筑，包括敞厅、方亭和曲廊，是为道光七年（1827年）中秋夜准备的。每到中秋佳节，道光经常在此楼侍奉皇太后赏月，设酒宴，表演歌舞，祭祀兔儿爷。道光十七年（1837年）中秋夜，涵月楼设月供。这里微风吹来，使人顿觉神清气爽。再望四周，九州大地在一片银光隐约之中的中秋之夜，令人陶醉不已，却也气象万千。

咸丰九年（1859年）十一月，上下天光楼北面楼下西北角遵旨添安楼梯。咸丰十年（1860年）二月，上下天光仍在修建，皆为咸丰30岁祝寿活动做准备。可以说这也是道光与咸丰都喜欢的地方。

1860年圆明园被毁时，此处也难逃劫难。同治重修圆明园时，上下天光也在重修之列，并将原来三开间的上下天光楼阁改为五间，做了烫样，安好了墙基石，后因经济拮据，圆明园停止重修，此处也就停工了。

🌀 3.6 慈云普护——寺庙园林

慈云普护建自康熙朝后叶，初称涧阁。慈云普护位于后湖北岸的一座小岛，是一处寺庙园林。

慈云普护仿天台山的寺庙园林，其西北有一座西洋大自鸣钟的钟楼，前殿为欢喜佛场，北面是三层楼阁，里面供奉着观音大士和关帝圣君。主殿东侧则是用来供奉圆明园中名叫昭福的龙王的庙宇。菩萨、圣君、龙王集于一处，可以说，众神佛皆是皇家的保护神，消除灾厄，抵挡邪祟，普护众生。

△慈云普护遗址冬景

寺庙园林是三类园林（皇家园林、私家园林、寺庙园林）之一。寺庙园林狭者仅方丈之地，广者则泛指整个宗教圣地，包括寺观周围的自然环境，使其蕴含着丰厚的历史和文化价值。

慈云普护是乾隆常去拜佛的地方，从它的名字上就想到是寺院。这是以寺庙为主体的园林，但供奉着多种神灵在这里，也是帝后园居时经常前来拈香拜佛的寺庙之一。该处寺庙体现了雍正崇教的复杂性。雍正在做亲王时崇信佛教，经常在此请一些知名法师讲经说法，即便给康熙献寿礼，都是亲手抄的佛经。即位之后，雍正对道教又情有独钟，在圆明园听道士讲经修炼，并在秀清村炼丹吃药以求长生。

藏教密宗欢喜佛，以求多子多孙。而慈云普护供奉欢喜佛在殿内。在其正殿慈云普护供观音菩萨，亦是求子，只是所求对象不同。龙王殿内供龙王，为的是风调雨顺。自鸣钟楼大自鸣钟为其早起理政提醒时间。所以该景建筑虽少，但实用功能却很强。在乾隆二十一年（1756 年），乾隆从正月初八至十一月十七日，先后 13 次共在圆明园居住 157 天（宿），每于初一、十五日清晨，皆从九州清晏后码头乘船至慈云普护拜佛。慈云普护是以首领太监来充当僧人上殿念经等事，至道光十九年（1839 年）奉旨与园内其他庙宇一并裁撤。该首领太监等令留发当差，年老不愿留发者听其在原处当差，终身而止，亦不必上殿念佛，自此完成使命。

乾隆说这里宛如天台，是那么僻静、优雅、深远。寺庙园林的范围可小可大，伸缩的弹性极大，寺庙园林小者往往是处于深山老林一个角落的咫尺小园，取其自然环境的幽静深邃。慈云普护整个环境十分幽雅，以利于实现"远者尘世，念经静修"的宗教功能。

3.7 碧桐书院——读书作画之地

碧桐书院位于天然图画的河道北面，东北角临后湖，是一处土山旋绕，四边围以两条土山，与外隔绝，创建出静室读书的静雅之境。

碧桐书院的园林植物以梧桐著称。庭院中种植着梧桐，翠荫笼罩着轩亭，环境清净幽雅，确是读书的好地方。环以绕水的小岛，也是皇帝在此读书、写字的好地方。

碧桐书院建自康熙朝，旧称梧桐院。在雍正九年（1731 年）三月，雍正御书"碧桐书院"匾悬于五间正殿，原挂殿内，后期移于外檐。乾隆二年（1737 年）九月也做此额，于年底前挂起。这里的书院是专属皇帝及皇子使用的地方。而书院在宋代是地方教育组织，藏书、供祭和讲学是构成书院的"三大事业"。书院之名始见于唐代，但发展是由宋代开始。最初，书院为民办的学馆，原由学者自行筹款，在山林僻静之处建学舍。到了雍正十一年（1733 年），正式明令各省建书院，改为积极鼓励的态度，书院渐兴。

碧桐书院建筑布局，由错落有致、形态各异的庭院组成。庭院内种植梧桐，绿荫如巨大的伞盖，房舍及庭院之内均有阴凉的感觉。院中的梧桐树由来是出自乾隆九年（1744 年）御制碧桐书院诗："月转风回翠影翻，雨窗尤不厌清喧。即声即色无声色，莫问倪家狮子园。"其中取自元末画家倪云林，相传他最好洁，庭宅植梧桐六株，日令书童洗刷。倪云林曾绘苏州狮子林图卷，弘历误以为倪之别墅，故用倪家狮子园句。碧桐书院的主院居中，前后三进院，有门殿五间、前宇三间、正殿（通称前殿）五间和后照殿五间。书院的摆设简洁明快，十分适合读书静心。这里的书院是统治者用来改变文化控制的策略，加之清代的学术重朴学，考据需要广搜异本、比勘众家，对文献的需求量极大，书院藏书又逐渐兴盛起来。清代的书院藏书事业超过以往的任何一个朝代。

书院与书有着密不可分的紧密联系。书院是指用一圈矮墙将建筑物围起来而形成的藏书之所，似乎就是古代的图书馆，今人常将"图书馆"三个字缩写成一个方框，里面填个书字，可能就是沿用此意。

至清代，统治者一开始实行严酷的文化禁锢政策，他们害怕书院的自由讲学之风会撼动其统治基础，对书院的活动严加控制。到乾隆、嘉庆年间，或许考虑到书院影响久远，禁不如疏。综观中国古代书院的发展史，可以看出书院教育事业的兴衰与书

△ 碧桐书院遗址

院藏书的发展是息息相关的。现在这里的碧桐书院只有遗址了。

3.8 天然图画——五福五代之地

天然图画位于镂月开云北面，西临后湖，建自康熙，旧称竹子院。

康熙五十八年（1719年）时五福堂、朗吟阁皆已建成。雍正四年（1726年）六月，皇帝御书"天然图画""竹深荷净""静知春事佳""桃花春一溪"匾文，在第二年二月才做得各式彩画木匾一起挂起。乾隆五十一年（1786年）修理五福堂，添建正殿、卧碑工程等。

天然图画的五福堂与朗吟阁有廊通间。五福堂之外檐悬乾隆五十二年（1787年）正月御书的"五福五代堂"匾，匾由苏州漆做，为黑漆底色，阳纹木金字、金色西番莲花纹大边。堂之内额为五福堂，从此俗称五福堂。

五福堂之内额为五福堂与莲风竹露，而"五福堂"三字额为圣祖康熙御书。这幅康熙御书"五福堂"金字彩漆匾，是雍正七年（1729年）闰七月才移挂于竹子院的。从乾隆二十四年（1759年）起，乾隆先后5次题咏五福堂，并增题"五福五代堂"额。这个地方由此为御赐五福，而五福说法，最早见于《尚书洪范》中："一曰寿，二曰富，三曰康宁，四曰攸好德，五曰考终命。"是指长寿、富贵、身体健康且心灵安宁、有美德、不遭横祸而善终，这是对"福"字最早的具体阐释。这里的"福"，寓指吉庆之事多多相继而来。

嘉庆御制五福五代堂诗句有："层楼东峙临碧汀，赐居斯地才五龄。"表明从五岁起，皇十五子颙琰（即嘉庆）即赐居于此地。这里深院溪流转，回廊竹径通。这座天然图画临湖方楼为南向一间高台敞榭，卷棚歇山顶。五福堂殿内，布局优雅，适合聚会休闲。

天然图画遗址

　　五福堂堂阴处有一株玉兰树，是圆明园初建时所植，弘历儿时常至花下游，视之为同庚。此树被称作御园玉兰之祖。乾隆五十一年（1786 年），弘历又屡有题咏。此时他已年近八旬，感叹欣逢老友，也念念不忘逝去的故旧和毁于灾火的清晖阁老松。从玉兰的诗中衬出"福"文化是人们孜孜追求福禄寿喜财的历史，生生不息。

　　天然图画遗址的北部为居民村落计 16 户，2000 年已全部拆迁。南部原已辟为苗圃和绿地，1980 年被海淀乡畜牧大队圈院建房，2001 年已拆迁。遗址周围水系包括五福堂前之河池，今已清挖恢复旧的水系。

🌸 3.9　镂月开云——祖孙三代聚会赏花之地

　　镂月开云位于后湖东岸南部，西邻九州清晏，南为勤政亲贤，是山环水抱的独立小岛。

　　镂月开云在康熙朝后叶即是胤禛的花园，因以牡丹著称而得名。康熙六十一年（1722 年）三月，康熙曾亲临此地赏花。雍正四年（1726 年）六月，雍正御书"序天伦之乐事"匾文，次年二月做得彩画木匾悬挂于牡丹台。雍正十年（1732 年）牡丹台玻璃挂镜令配铜云式挂钉和托钉。牡丹台在乾隆九年（1744 年）易名镂月开云，乾隆三十一年御题额为"纪恩堂"。

　　镂月开云殿南临曲溪，殿前牡丹特盛。镂月开云中建有观赏牡丹的殿堂，殿堂又分主、次、高、低，相互配置得当，并与环境协调一致。乾隆御书"镂月开云"壁子匾，乾隆六年（1741 年）原挂在九州清晏西所三间敞厅内，三年后移悬于本殿内。大殿坐落在汉白玉台基之上。屋顶采用黄、绿二色瓦覆盖。殿后巧立太湖石，松柏挺立，南临曲溪，殿前植名贵牡丹数百株，每年四月花开怒放。殿左边是楼，右边是堂，殿后有厅，厅后有山，山上还有亭。各个殿堂之间通过连廊形成一个四合院，通畅豁达，高低错落，有主有次。这个四合院式的建筑空间变化和谐，布局舒适。

　　每到春夏之交，圆明园中各色牡丹争相怒放，迎风招展。在雍容华贵的牡丹衬托下，整个殿宇更显得高贵华丽。康熙六十一年三月十二日（1722 年 4 月 27 日），康熙应儿子胤禛之邀来到牡丹台赏花。一进入牡丹台，阵阵清香扑鼻而来，沁人心脾。正高兴之时，胤禛禀告父皇，父皇有一个聪明伶俐的孙子。康熙当即召见了那时才只有 12 岁的弘历（即乾隆）。年近 70 岁的康熙看到这个聪慧灵气、勤奋好学的孙子非常喜欢，让他一起赏花。祖孙三人观赏品评着这国色天香的各色牡丹，在父子、祖孙之间充满了天伦之乐。这对于被诸皇子争夺储位搅得父子关系紧张、心力交瘁的康熙来说是一个难得的家庭欢乐。康熙对象征着富

△镂月开云遗址

贵吉祥、繁荣兴旺的牡丹极为珍视和喜爱，把它看作是"太平盛世"的象征。每年4—5月是牡丹花期，康熙至少5次驾临牡丹台赏花。后来胤禛、弘历都做了皇帝。这次赏花，就成了"康乾盛世"的三代天子共同赏花的盛事。

弘历对康熙召见始终念念不忘，并亲笔题写"纪恩堂"匾额，悬挂于牡丹台景区后院殿堂之上。后来又写了《纪恩堂记》刊于堂中，以报答康熙对他的养育眷顾之恩，同时教育后代，不忘祖宗之教训，继承祖业巩固皇图。同年，圆明园各景景名一律改为4个字，牡丹台改名为镂月开云。

历史上对雍正继位持有种种疑团，其中有一种说法是康熙体会到弘历的聪明才智才决定传位给雍正，也就是说，雍正之所以继承大统还是托他儿子弘历的福。虽然这个说法值得推敲，但也绝非空穴来风，因为在历史上确有三代天子相聚的史实，地点就在圆明园的镂月开云。现在已经恢复牡丹的种植，大家可以共赏。

🍂 3.10　曲院风荷——夏日赏荷之地

曲院风荷位于后湖与福海之间，是仿自杭州西湖同名园林，由北部小型庭院与前边的九孔石桥及大片荷池组成。

曲院风荷始建年代不详。乾隆三年（1738年）九月，皇帝御书"饮练长虹""四围佳丽"匾文，在次年九月做得油漆匾挂起。乾隆九年（1744年）后仍有些局部变化。

碧桐书院正东为曲院风荷，五间殿南向，其西佛楼为洛伽胜境。曲院风荷由南、北两部分所组成。南部以水景为主，曲院风荷之南，跨池东西桥九空，坊楔二，西为金鳌，东为玉蝀。金鳌西南河外室为四围佳丽，玉蝀东有亭为饮练长虹。又东南度桥，折而北设城关，为宁和镇。其东南为东楼门。所有的匾额都是出自乾隆御书。

北部则以建筑为主，最北部是一组建筑群，曲院风荷南向五间殿，外檐悬乾隆御书曲院风荷匾。当人站在庭院与楼阁中，可望见南边的湖水。荷花最多，是有曲院风荷之名。此处红衣印波，长虹摇影，风景相似，故以其名命之。曲院风荷的九孔桥是圆明三园里最大的一座石桥。这个狭长的湖面，开满荷花，九孔石桥如同一道彩虹架在湖面之上，将湖水分为南、北两部分。桥的东西分别立着一个牌楼，湖西岸的陆地上有一条南北走向的小溪，溪水与湖水中间的一道土堤遍植垂柳，取名曰"苏堤春晓"。在皇家建筑中与"九"有着不解之缘。古人把一、三、五、七、九称为阳数，二、四、六、八为阴数，九是阳数中最大的一个数，也是最吉利的一个数，称为阳极。故皇宫大门上的钉子是九行九排，台阶是九个，影壁上的龙也是九条，连屋脊上的吻兽也是九个。九孔石桥，东西两头各竖牌楼一座，西坊额金鳌，东坊额玉蝀，皆为乾隆御书。这座九孔桥是圆明三园最长的一座石券桥。桥下为大片荷池。湖之南侧有座船坞计十三间，时称南船坞，乾隆四十三年（1778 年）曾拆瓦头停，拆盖前廊。船坞门朝东，船出坞后向东北过高水木板桥，可至福海。

曲院风荷的景色是很优美的。早春二月，柳枝开始发芽，苏堤上长湖边是一片嫩绿的动人景象。桃花盛开时，山上岸边粉红色桃花争相吐艳，苏堤上长湖边更是桃红柳绿相互掩映如画一般。

曲院风荷是赏荷的最佳处。宋朝杨万里的"毕竟西湖六月中，风光不与四时同。接天莲叶无穷碧，映日荷花别样红。"就是描写西湖夏日荷花的名诗。圆明园的曲院风荷也是赏荷花的好去处，尤其在夏秋时节。

曲院风荷遗址北部岛上有 8 户民居，2000 年已全部拆迁。

曲院风荷夏景

3.11 万方安和——游憩寝宫

万方安和位于后湖西侧，东邻杏花春馆，西南湖外为山高水长，是以"卍"字轩为主体的建筑。雍正特别喜欢在此园居，乾隆时此园仍是游憩寝宫的好地方，端午节时在此殿侍奉皇太后进宴。

万方安和的造型独特，四时皆宜择优居住。"卍"字轩东西南北室室曲折相连，共三十三间殿宇。殿为七檩外卷棚，中井十字脊，四转角四歇山顶。嘉庆有万方安和题咏 23 次。

△万方安和遗址

万方安和建于雍正初年，雍正五年（1727年）闰三月始称万字房，七月雍正御书"万方安和"匾，八月初挂起。九月中旬又一次悬起御书"碧溪一带""山水清音""一炉香观妙音"和"洞天深处"等匾11面。第二年正月挂起御书"枕流漱石"匾。

万方安和在雍正年间称万字殿，乾隆时改称万方安和。这"卍"本来写作"卐"，佛经中有时写作"卍"。"卍"在古代是一种符咒、护符或宗教的标志，通常理解为是太阳或火的象征。在古代印度、波斯、希腊等国家中都出现过。玄奘译为德字，意为万德吉祥。唐代武则天定这个字读万，象征唐朝天下太平。雍正建此景用"卍"字建筑形式，和"万"字的谐音，也是象征万方都归清王朝统治，天下安和太平。这"卍"字形的建筑形式是古建传承所创造出来的罕见的建筑形式，也是园林建筑中仅有的一个特例，表现了古代建筑师们的创造精神。

乾隆时万方安和的匾额依次为南面正室额。东西内室相对有溪山、佳气迎人，"卍"字中宇有四方宁静。西面有观妙音、枕流漱石、洞天深处。东面有安然、一炉香、碧溪一带、山水清音。北面有涤尘心、神洲三岛、高山流水，都是雍正御书。南面西厦额有凝神、静寄。东面有澄观，其正中联为：四海升平承帝眷，万几兢业亮天工，都是乾隆御书。

万方安和的"卍"字轩东南向阳正室五间，内檐悬雍正御书"万方安和"冰裂纹漆地三青字匾。其"卍"字轩亦以此额统名之。该正室之西厦内悬乾隆御书"凝神""静寄"二额。这座正宇亦称万方安和南一路。它造型独特，风景秀丽，冬暖夏凉，适宜四季居住。乾隆年间它仍被使用。每逢端午时节，乾隆都在这里侍奉皇太后进宴。万方安和又被称为万字房，整体是一处以"卍"字轩为主题的园林建筑。

逢年过节时，万方安和悬挂6对山水、花鸟绢画廊灯。乾隆四年（1739年）盛夏之月从头伏起，园内万方安和等3处，各安设风扇一台。

1860 年 圆 明

△十字亭遗址

园罹劫后，同治年间试图择要重修园景时，准备照旧式重修"卍"字轩，并揭瓦南岸十字亭，后仅清理残垣渣土即停工。万方安和湖面原已辟为稻田，"卍"字形基址仍较壮观，船坞东山还在，今已清理出来并修复地基。

3.12 山高水长——对外活动场所

山高水长位于圆明园西南角，楼宇远对西山，后拥连绵山冈，前带河流，中央地势平衍，场地宽敞。此地为外藩朝正赐宴及平时侍卫较射之所，每岁灯节则陈火戏于此。此地亦俗称西厂、西厂子。

山高水长楼西向卷棚歇山楼九间，外檐悬乾隆御书山高水长匾。山高水长楼后有院，设南北配殿各三间，皇帝和后妃来此，皆乘游船至楼东十字亭码头，从后院入楼，后妃在楼上观赏火戏。山高水长楼南、北两翼分列库房、侍卫房。乾隆二十二年（1757年）西厂侍卫饭房备温茶水，每遇皇上驾临奉茶。而十三所位于山高水长楼南侧偏东山环里，有13个南北排列的院落，是山高水长举办烟火盛会等活动的保障服务所。

山高水长楼建于雍正初年，旧称引见楼。雍正五年（1727年）正月十九日，雍正在圆明园宴赏外藩王、贝勒、贝子等，备办礼乐、摔跤及烟火，当为山高水长武帐宴并火戏之始。乾隆三年（1738年）正月十一日，乾隆初到圆明园，十三日至二十三日皆侍奉皇太后来山高水长观赏元宵火戏。在朝贡制度的外交体影响下，外藩王公和外国使臣在重大节庆日都会来京觐见朝贺。圆明园也随之有举行大型庆典活动的场所，山高水长便应运而生了，自此定名为山高水长。

山高水长地势平坦，视野开阔，平时这里是清帝射猎、侍卫练兵比武赛箭的地方，也是清朝皇帝宴赏、演耕、设坛祈雨之处。这里还是召见大臣和外国使节的重要场所之一。从雍正起，每年灯节前在这里设宴，招待外藩和外国使臣。从乾隆起，元宵佳节又在这里举行盛大的焰火晚会。

山高水长元宵火戏，实为皇家元宵烟火盛会，内容包括摔跤、马术、烟火等多项表演。乾隆时期，例从正月十三日放灯，至燕九（十九日）收灯。宗室王公、文武大臣及来京贺

△山高水长木栈道

正的外藩王公和各国使臣被特许观礼，皇帝则频频赐食、赐茶果，因而被乾隆称为七宵灯宴。

元宵节的准备工作从上年十二月就开始了。自正月十三起，全园张灯结彩。各宫殿、楼阁、亭台馆榭都挂上了抬头见喜、福自天来等人物花鸟彩灯，到晚上，彩灯齐明，好看极了。每年元宵节前夕，

△山高水长蒙古包

山高水长楼前宽阔的地面上耸立着几十个烟火盒架，楼前月台上左、右各有一扇面形的烟火牌楼，十分壮观。同时设有无数灯盏，每个灯旁插一杆旗，错落有致。正月十三日同乐园的连台戏开演后，焰火晚会就进入高潮。

凡烟火盛会之日，下午3点多，内务府的官员把皇帝宝座安在山高水长楼的门外，宗室、亲王、文武大臣及外国使臣在廊下和阶下分两边入座，皇太后、皇后、嫔妃、公主等在楼上观赏。

皇帝驾到，活动就开始。首先表演民乐合奏和曲艺，之后是摔跤和马术表演，继之是杂技表演。维吾尔族的绳技表演深受乾隆赞赏。各种表演结束时天色已晚，皇帝宣布放灯。一声令下，圆明园内4300多只各色彩灯霎时通明，舞灯表演也就开始了。乾隆将盛大的灯舞与传统的宫廷字舞结合起来，规模大，有情趣，并变换队形。最后排成"太平万岁"4字。舞罢，元宵节活动进入最高潮，放烟火。这时月色天光都为烟气所遮蔽，等到烟气消尽之后，九曲黄河灯在表演灯舞、放烟火之际，御膳房的太监送进果子、元宵等食品，由皇帝赐给侍座的王公大臣。他们一边观看烟火、舞灯的表演，一边品尝着美味食品，一派君臣行乐的壮观景象。压轴的烟火是万国乐春台，俗称炮打襄阳城。同时，同乐园也在演连台戏。

在元宵节里，乾隆有时还邀请蒙古、新疆、大小金川等国内少数民族的首领一起观赏烟火共度佳节，表示"内外一家连"，大清天下是统一的，又由此联络民族之间的感情。这从一个侧面反映了康乾盛世，国家统一，民族团结，睦邻友好。

连续数日的烟火盛会，其耗费是十分惊人的。乾隆三十九年（1774年）仅山高水长烟火场子一处，摆烟火就用大小石鼓358个，杉篙33车，动用搭材匠役

450 人，运夫 457 人。整个元宵节所需的各种物料、人工之多就可想而知了。道光十七年（1837 年）后，因财力不济，山高水长的烟火盛会停办。咸丰时曾一度恢复过，但与乾隆时相比差远了。这从一个侧面反映了盛极一时的清王朝正在走向衰落。

山高水长元宵火戏，乾隆年间共举办过 48 届，有幸在此观礼的全国各部族首领、贵族和来使以及外国使臣等近万人。山高水长新正武帐宴，乾隆年间举办过近 30 次，与宴的蒙古王公、轮班贺正的各部族首领和外使不下三四千人。

1860 年圆明园罹劫后，十三所曾残存部分建筑。同治十二年（1873 年）年底，恰在局部重修圆明园工程期间，十三所之第七所西房二间却被贼拆倒。

山高水长楼址及其东南一带，20 世纪中叶成为民居村落，1994 年将 30 余户住户全部迁出。1995 年初挖掘清理出土。山高水长之乾隆御书"土墙"及"种松"诗碑，今在北京大学未名湖西岸。南侧之虎皮石墙，1995 年已在原址修复，并在山高水长景东、北两面筑砌临时大墙圈。山高水长旷地，除 20 世纪 60 年代植有两片核桃林外，余皆辟为农田，1997 年绿化为北京市国家机关"香港回归纪念林"。

🌀 3.13 长春仙馆——孝贤皇后宴息之所

长春仙馆位于正大光明殿西侧、茹古涵今南。南面邻园墙，四围山环水绕，是一处小岛上的建筑。长春仙馆始建时间不晚于雍正四年（1726 年），初名莲花馆。从雍正七年（1729 年）皇四子弘历赐居于此，到乾隆十三年（1748 年）前仍为乾隆孝贤皇后宴息之所。

△长春仙馆遗址

乾隆元年（1736 年）定名长春仙馆，并为皇太后来御园行庆度节时之驻憩处所。嘉庆即位最初 3 年，被太上皇乾隆赐居于此，正是所谓"训政三年居仙馆"。而道光中叶改建九州清晏帝后寝宫时，就曾寝居于此地。静贵妃为道光之妃，初为静贵人，累进静皇贵妃。当为道光中叶改建九州清晏帝后寝宫期间，此处之使用功能，可以说这是御园第二处帝后寝宫区。

长春仙馆位于圆明园大宫门和前湖的西面，为四合院式，东首为长春仙馆，正殿绿荫轩在后。屋屋与曲廊相接，有梧桐，有石，供小憩。再往西是楼座、画室、礼堂、殿堂、厢房等。

△长春仙馆石碑

雍正五年（1727 年）闰三月，有莲花馆称呼。当年弘历赐居于莲花馆，雍正十一年（1733 年）雍正赐其雅号为长春居士。雍正八年（1730 年）七月皇帝传旨，莲花馆后观莲所改名芰荷香。从雍、乾宫廷画作可知，画院处设有"芰荷香绘画处"，雍正十年至乾隆三年（1732—1738 年）七月间，宫廷画师曾多次在该绘画处作画。

乾隆元年（1736 年）正月，旧莲花馆处所挂长春仙馆匾做黑漆底一块玉铜镀金字。经乾隆初年改建增饰，乾隆三年（1738 年）正月十一日乾隆初次驻跸御园时，孝圣皇太后即以长春仙馆为寝宫。

乾隆继承大统后，将生母孝圣皇太后接到自己喜爱的长春仙馆孝养。

每逢端午节，乾隆都陪伴皇太后到福海观赏盛大热烈的龙舟竞赛。皇太后带领后妃在蓬岛瑶台观看，皇帝则率领宗室和大臣们于望瀛洲亭观览盛况。到了晚上，皇室成员一起吃晚饭，共庆佳节。孝圣皇太后本人长寿多福，是清朝在位时间最长的皇太后。乾隆四十二年（1777 年），孝圣皇太后夜游途中受了风寒，几天后病逝于长春仙馆。

1860 年圆明园罹劫，本景尽毁。20 世纪五六十年代，岛上遍植加杨，基址已难觅踪迹。

3.14　藻园——借景江南园林的园中之园

藻园位于圆明园最西南角，西、南两面倚园墙，东望山高水长。山环水绕，借景自江南的园林。

△藻园遗址

  钱增天的藻园意境，亭台错落，峦屿涧濑，巧夺天工。江南钱增天的藻园是由张涟建造，其造园叠山艺术的贡献是改变了叠山风格，对后世造园艺术产生了深远的影响。张涟除造园叠山外，还善制盆景。他以画家的眼光观察园林，尝试用山水画法堆山叠石，久之渐得其法。他所布置的园林，皆似宋、元山水名家画作，以画入园，观园如画，使人感到园墙外还有奇峰绝立，仿佛处于大山之林角。这种以截取大山的一角，联想到大山整体形象的做法，代表了当时叠山艺术中的一种流派。

  藻园是乾隆年代中叶分两期新建成的园林建筑。乾隆十七年（1752年）五月到二十三年（1758年）藻园东部诸景基本建成，并有藻园石泉松莲鹤"五咏"。乾隆于二十六年（1761年）御制藻园五咏时，该园西所尚未修建，所咏之石、泉、松、莲、鹤，当为方池周围之景物。乾隆三十年（1765年）又添建藻园新宫西所。嘉庆亦题咏"藻园"5次。

  藻园船坞一座十三间，坞西前檐为十三间敞厅楼。乾隆三十年（1765年）九月，乾隆传旨令如意馆画师于世烈等，为藻园十三间楼下扇面墙三面画画。藻园门门楼，1860年劫后仍幸存，慈禧太后、光绪皇帝曾多次从颐和园来圆明园视察园工时由此门出入。门楼外檐匾曰"藻园"。此门骑圆明园南墙而建，门外即是昔日之御用马厂，出门向西有御道直通至清漪园（今颐和园）。帝后若陆路去万寿山、玉泉山、香山游赏，多从此门出入，或从东侧的西南门出入。

  1860年圆明园罹劫后又经百年风雨，藻园沦为一片荒丘，遗址东北唯存屏门石楣一件，两面镌刻乾隆御题"翠照""绮交"匾。1994年对藻园遗址进行全面考古发掘，清挖渣土堆积层1米厚，呈现出原亭台廊榭、曲池假山错落有致的园林格局。

  藻园西墙即圆明园西墙，原为内、外两道墙，外墙为大城砖筑砌，俗称西大墙或饽饽门大墙，内墙为虎皮石墙。1920 年前后，西大墙被当地驻军和官僚、土匪拆毁。内墙有部分残存，70 年代初被毁。外墙原址今在圆明园西路的马路上，内墙已于 1995 年在原址修复。

3.15　同乐园——大戏台

同乐园是御园中的大戏园，北望舍卫城，西邻南北长街，东侧别院为佛殿永日堂，为独列出来的娱乐之处。

同乐园建自雍正初年，雍正四年（1726年）首见同乐园。这一年八月同乐园净房内炉上，配做红铜丝炉罩，表明同乐园已建成并园居。乾隆九年（1744 年）同乐园最南边的三间小楼，又改建成九间大楼。

圆明园的戏台，除同乐园清音阁三层戏楼外，还有武陵春色、长春园淳化轩两座二层戏楼。至于一层戏台、室内戏台就有十余座。也正是乾隆当政末年，皖南一带的地方戏——徽剧四大徽班进京，在博采各剧种之长的基础上，最终形成了京剧。京剧成为我国传统文化中的瑰宝。

△ 同乐园中的葫芦

清音阁北面有正楼五间，内外檐皆悬"同乐园"匾额，是一座看戏楼，也称同乐园正楼、正殿，由前后楼五间与穿堂楼三间构成工字型大楼。看戏时皇帝坐在楼下殿内，皇太后和后妃则在楼上。夏天看戏还要在正楼前搭建叠落天棚。凡在腊月二十日之后遇有大雪，都会在大殿西次间看戏，窗外对面堆作一对雪象宝瓶。

在文化娱乐不可与今天同日而语的清代，看戏是皇帝最重要的娱乐方式。圆明园的戏园有十余座，其中最高大的要数同乐园大戏楼。圆明园每年正月以及佳辰令节演唱大戏、举办宫市，皇帝宴赏王公大臣、外藩王公和外国使臣都在此举行，先后多次修缮。同乐园是一座三层坐北朝南的大戏楼，上层外檐悬额"清音阁"，戏台每面各显三间，中层为戏台，上、下层与中层之间均安有滑车，可表演神仙从天而降、鬼怪从地下钻出来的特技。道光曾想把戏台改为两层，但遭到官员反对，甚至有一位太监还冒死写了词片，理由是恐怕有碍风水，道光随即降旨："照旧要三层。"

乾隆二十一年（1756 年）和四十八年（1783 年）同乐园连续演了十多天的

连台戏。每当皇帝生日（即万寿节）或其他重大喜庆大事，也会演戏以示庆祝。

1860 年圆明园罹劫时，同乐园及买卖街被毁几尽，残存者仅有双桥南边街西临河三间、龙王庙西侧的三间茶房等少量建筑物。同治年间试图择要重修。其后不久停工时，仅清除园内群房 60 间之渣土而已。

同乐园遗址于 20 世纪 60 年代被海淀区武装部占用。原戏台东侧永日堂南北院一带，为海淀区武装部的库房大院，2002 年已拆迁，现在已经恢复了一部分建筑。

3.16 坐石临流——聚会雅集

坐石临流位于后湖东北方，坐石临流与抱朴草堂一带总称为坐石临流。北部的坐石临流亭在乾隆四十四年（1779 年）由三开间改建成八方形，南部的抱朴草堂则经乾隆三十一年（1766 年）、六十年（1795 年）两次改建添建始成六间。

△坐石临流遗址

坐石临流亭居于西北部山水间，原为西向三开间重檐亭，始建不晚于雍正初年，时称流杯亭。乾隆初年定名坐石临流，九年见题咏，乾隆四十四年（1779 年）改建成重檐八方亭，俗称"八柱兰亭"。外檐悬乾隆御书"坐石临流"黑漆金字一块玉匾，为乾隆四十四年（1779 年）二月御书匾文，用旧胎股另做。这样兰亭的意义不仅在景色，而且有其丰富的历史文化内容。

△ 流觞曲水遗存

乾隆也酷爱书法，数十年如一日地收集名家法帖，当然也包括王羲之的法帖，据《兰亭集序》真迹葬入昭陵后，传世的有虞世南、褚遂良等人的摹本和石刻本，真伪历来争论不休。乾隆四十四年（1779 年），乾隆命令将内府珍藏的历代书法家摹写的和自己摹写的墨迹刻在八根方形石柱上。刻好后，更替了兰亭原内层的八根木柱，同时在亭中立一块石屏，正面刻《兰亭修禊图》，背面刻有乾隆己亥年（1779 年）暮春题兰亭八柱册并序的全文与题诗多首。乾隆得兰亭之真趣，取其晋人之意，描绘出当时雅集的景象。这确是乾隆为书法艺术做的一件好事。

坐石临流一带千岩竞秀，万壑争流，是仿造浙江会稽山景色营造的景点。兰亭也就成了有名的古迹。兰亭作为书圣曾经活动过的地方，具有景幽、事雅、文妙、书绝之称，而成为书法圣地。《兰亭集序》是王羲之的行书代表作，其文的书法精绝，历来为后人所推崇。酷爱书法的乾隆，当然不会忘记这个地方，于是圆明园里也有了兰亭。坐石临流亭遗址外围的山水轮廓，如今仍较完整。原亭内外的流觞曲水亦有迹可寻。但八方亭基址已不可确指，在今中山公园唐花坞西边有一座漂亮的重檐歇山的石柱八方亭"景自天成"，内有八根石柱和一块石屏。石屏上刻王羲之《兰亭修禊图》和乾隆的八柱册并序文，这就是兰亭八柱。八根石柱和石屏都是圆明园坐石临流的遗物。坐石临流亭旁原有一峰大型太湖石，今置颐和园仁寿殿前。

🌸 3.17　武陵春色——体味诗人描绘的世外桃源

武陵春色位于万方安和之北，是摹自陶渊明《桃花源记》意境的园林。武陵春色建于康熙末年，雍正时名"桃花坞"，乾隆时以武陵人捕鱼入世外桃源的故事，改名武陵春色，并做了增建。

武陵春色号称山桃万株，东南部以叠石为胜，可乘舟沿清溪而上，穿越桃花洞，

△桃花洞遗址

进入武陵春色。四周环山，山外东临巨池，清溪环绕。乾隆九年（1744年）七月制成乾隆御笔"武陵春色"锦边匾，随即另制御书"武陵春色"石头式匾一面，于同年九月安挂在壶中天洞口。

从雍正四年（1726年）起，弘历赐居于桃花坞。次年挂"桃花洞"等雍正御笔匾额。南部旧称桃柳村。乾隆三十四年（1769年）北部桃源深处一带进行全面修缮，而中部恒春堂戏台院，似为嘉庆十六年（1811年）前后改建添建而成。这里是御园中赏桃花的好地方。当桃花盛开之时，晓风徐拂，宿露未干，山间溪畔的桃花还含着晶莹的露珠，正娇怯怯地以溪水为镜，宛如美人初妆。天晴时的桃花，含笑增媚，夕阳西下，映照的桃花像彩霞，而雨中的桃花，盈盈欲滴，真是千姿百态，美不胜收。

陶渊明是中国文人的一种理想典范。现实中的纷纷扰扰总能让这些士人选择"独善其身"以求内心安宁。然而，这对于一国之君的皇帝来说，却是一种奢侈的享受。"隐逸"也是道家文化的精髓，有条件的人归隐田园，没条件的人心向往之。圆明园里有许多归隐的好去处，武陵春色就为皇帝呈现了士人们孜孜以求的世外桃源。在桃花满林、清爽幽静、山水之趣的环境里居住读书，确是一种美的享受。少年弘历曾被雍正赐居此处读书3年，书斋名"乐善堂"。即位后，他曾写了一篇《乐善堂记》。读书之余，可以到村中小河旁欣赏岸边的桃红柳绿，或看河中游鱼；也可以登山赏山林野景，听林中鸟儿歌唱；还可以在桃花溪上划着小船，逆流而上，穿越桃源洞，去体会打鱼人当年"沿溪行，忘路之远近，忽逢桃花林……"的意趣。

武陵春色的园林建筑仿照民居情调，平面布局呈"日"字形，分为前、后两个院落。屋顶均为卷棚式，竹篱矮墙，颇有一番世外桃源的情调。

圆明园罹劫后，原桃花洞今尚残存已经修复，其他山水轮廓仍在。

🌀 3.18　文源阁——皇家藏书楼

文源阁位于水木明瑟之北，是以皇家藏书楼为主体的园林建筑。

电视剧《铁齿铜牙纪晓岚》的热播，让我们记住了纪晓岚的风趣幽默，也让我们了解到《四库全书》将近 8 万卷的大作。为收藏此书，圆明园内修建了文源阁，连同文渊阁、承德避暑山庄文津阁和盛京（今沈阳）故宫之文溯阁，以及被称作"江南三阁"的扬州大观堂之文汇阁、镇江金山寺文宗阁和杭州圣因寺文澜阁，被称为"四库七阁"。

文源阁是一座南向卷棚歇山楼六间，覆黑色琉璃瓦嵌绿边，外观为两层，前后出廊，楼外檐悬乾隆御书"文源阁"玉黑漆铜字匾额。和其他四库六阁一样，文源阁的格局仿照浙江宁波范氏（明代兵部右侍郎范钦）的藏书楼天一阁而建。阁之间数和梁柱宽长皆有精义，取"天一生水，地六成之"之意。文源阁建成后收藏康熙《古今图书集成》一部，凡一万卷。乾隆四十八年（1783 年），钦定《四库全书》第三部誉竣，贮于文源阁。可惜的是，文源阁所藏《四库全书》和《古今图书集成》大部分毁于 1860 年英法联军劫火，剩下少量则被劫往异域。今天日本东京的"东洋文库"中，还存有若干册《四库全书·文源阁本》。

雍正六年（1728 年）郎世宁奉旨为该亭（时称耕织轩处四方重檐亭）内四面绘西洋画 8 幅。亭额为雍正九年（1731 年）皇帝御书"四达亭"，（原称"四达亭"）。乾隆四十年（1775 年），此地改建成藏书楼文源阁，挂起御书"文源阁""玲峰"匾。阁东为碑亭，亭内石碑刊刻乾隆御书《文源阁记》，满汉文对照。

文源阁前边方池之中竖有巨型湖石，此石产自京西房山，体大器博而又玲珑剔透，孔穴甚多，该石有乾隆御题"玲峰"二字，意为玲珑的山峰，并刻有乾隆四十年（1775 年）题文源阁作、玲峰歌。玲峰石共有大小孔穴 84 个。这样的安排与布局，是把玲峰石用作守护石了。

圆明园罹劫后，园内遗存遭到军阀官僚的肆意巧取豪夺。1921 年 9 月，时任巡阅使的曹锟为了修他保定的"巡阅使署"花园，派军人带领大车十余辆，连续数日强行从文源

△ 文源阁遗址

阁拉走大批太湖石，运至西直门火车站装车，并由中营游击（官）奉京畿卫戍总司令王怀庆和中营副将鲍维翰之令押车护送。

文源阁今尚存灰土台基和部分叠石。方池中的玲峰石已于1924年前被人为毁作数段仆地，今仍见部分诗刻。文源阁碑今在文津街国家图书馆分馆院内。文源阁前门两峰太湖石，今存颐和园仁寿殿前。正对仁寿殿门的一峰大型湖石，形似老翁，俗称寿星石者，则为文源阁后门之遗物。

△柳浪闻莺石刻（正）

△柳浪闻莺石刻（背）

"柳浪闻莺"坊楣，今展陈于绮春园天心水面。

3.19 濂溪乐处——大型游憩寝宫

濂溪乐处俗称慎修思永，位于日天琳宇之东，是山拥水抱的小岛，不包括南岸花神庙。

濂溪乐处建于雍正年间，乾隆初年定本名，有雍正御书"香雪廊""临泉亭"及"清会亭"匾文。在雍正五年（1727年）见清会亭御制诗。乾隆三年（1738年）八、九月，乾隆御书"慎修思永""得月""烟云舒卷"和"荷香亭"等匾文，同年六月做得锦边壁子匾，持进慎修思永挂起。乾隆十八年（1753年）、二十三年（1758年）乾隆先后两次御书"延云""墨光亭"等十张新旧匾文。乾隆四十七年（1782年）在慎修思永殿后添建知过堂。

△濂溪乐处遗址

　　慎修思永殿是座大型游憩寝宫。殿内明间设宝座，后殿有东暖阁、西暖阁，并设西洋楼、西洋戏台，楼梯是在后层东北，楼上有佛堂和西洋塔。而慎修思永殿东南河池上构曲廊亭榭，北廊中架敞榭三间，额上有香雪廊，为雍正御书。折而向东廊外四方亭，额有荷香亭，为乾隆三年（1738 年）皇帝御书匾文，荷香亭既不受寺庙庭园形式的束缚，也未拘泥于岛屿的格局。它的北面是一个带平台的房屋，南面是一片空地，再南就是伸向湖中的水榭，东面则是深入湖中的菱荷深处和香雪廊。它们呈正方形地围拢闭合，形成一个水上回廊，下面由立柱支撑，整体浮立在水上，突出观荷的主题布局，利用岛屿四周环水的条件配合水体来划分空间。而在荷香亭折而向南为菱荷深处殿有五间四围廊，与此景组合，使之成为园内的观荷建筑。

　　1860 年圆明园罹劫后，慎修思永和知过堂两座大殿仍幸存，同治年间局部重修圆明园时，二殿曾做修缮，直至光绪二十二至二十四年（1896—1898 年），慈禧太后试图"择要量加粘补修理"园内少量殿宇时，慎修思永殿仍是修葺重点。光绪二十四年（1898 年）七月二十六日，慈禧来圆明园，样式房呈览慎修思永殿内檐装修图，甚至在慈禧发动"戊戌政变"幽禁光绪后，于九月十八日仍由总管太监李莲英催要慎修思永装修图。

1900 年八国联军入侵北京，慎修思永殿、知过堂等残构皆彻底毁于战乱。园内古树名木亦被砍伐殆尽，唯有慎修思永殿西山墙外的那株大古松幸免于难。但该古松于 1956 年前后，被颐和园管理部门伐除。古松北侧的山石叠峰今仍残存。现在小岛恢复了东侧的水上水榭围廊。

3.20 紫碧山房——"山起西北"之首，象征"昆仑山"

紫碧山房位于圆明园最西北角，西、北两面都骑园墙，是山地园林建筑，俗称寒山，这应当是取苏州寒山之意，对紫碧山房的俗称。

紫碧山房地势较高，象征着巍巍西部昆仑，又多叠山石成景。溪水自西北墙外三孔闸导自萧家河水入园。雍正初年已属御园规划范围，即"山起西北"之首。紫碧山房只要遇佳辰令节，便挂四方形紫檀木绢画廊灯 11 对。

雍正时期，此处仅有一些小型建筑，直到乾隆二十五年（1760 年），乾隆第二次南巡回来时，仿照苏州寒山意境扩建了紫碧山房。这种仿或者说借鉴，也是一门艺术的再创作，但前提是必须在造园的客观条件下"就天然之势，不舍己之所长"，充分发挥以山为布局成景的长处，划分空间，贯通山体，将大小不一、起伏各异的环境连成一体，创造出独特的意境。

雍正十一年（1733 年）五月，遵旨为紫碧山房做得杉木架黄纸牌位 10 座、黄布围桌一个安起，并有雍正九年（1731 年）雍正御书的"引溪""学圃"匾文。乾隆十五年（1750 年）春首见学圃御制诗。乾隆二十五年（1760 年）前后，紫碧山房大规模增建房座，并有石洞及开挖河泡工程，至乾隆二十七年（1762 年）竣工。乾隆二十五年（1760 年）七月即交"紫碧山房""乐在人和"等旧匾六面，并乾隆御书匾文"翼翠亭""纳翠轩""横云堂"等七张，皆于同年底做匾挂起。紫碧山房南向宫门三间，前临河池，设码头。门内过山石磴道为二层宫门三间，外檐悬雍正御书"紫碧山房"粉油底蓝字玉匾一块。该二层宫门为乾隆二十五年（1760 年）新建并挂匾。雍正御书"紫碧山房"额有二，另一面悬于正宇内。各个相对独立的园林造景，却又在这个山形水系的总体环境中，顿觉无限妙趣，触发人生体悟。

△ 紫碧山房遗址

△ 紫碧山房遗址考古发掘现场

1860 年圆明园罹劫后，幸存乐在人和殿、内宫门、五间南更房及东侧顺木天亭。此后紫碧山房仍住首领太监并设坐更值宿看守。同治二年（1863 年）殿内曾失窃青玉山、玉器各一件及铜炉等物，贼犯被缉拿投狱。同治十三年（1874 年）局部重修圆明园时，乐在人和殿等曾补安装修。光绪二十二年（1896 年）慈禧太后曾游览紫碧山房，并奉懿旨粘修殿宇。1900 年皆彻底毁于八国联军战乱。

紫碧山房遗址原山冈石峰今基本尚存，中前部及东南隅为居民村落计 38 户，西北山脊被园外乡镇企业占用，2001 年已全部拆迁。西侧内墙和北侧外墙皆已在原址复建虎皮石墙。

辽阔的福海成为有源之水，河环于福海外围，有 10 个水口和福海水面相通。海岸由 10 个形状不同的岛屿组成，每个岛上堆土为山，山上林木茂密，山下奇花异卉，建起许多殿宇、亭台，这些建筑矮小无奇、疏疏落落。

圆明园《四十景图》——蓬岛瑶台

圆明园中有寿比南山的"寿山"，也有福如东海的"东海"，这就是圆明园里最大的湖名福海（又名东湖）。

中国古代的君王们对"长生不老"这一终极目标孜孜以求，最普遍的形式为炼丹和寻仙，圆明园内还有修道炼丹的道观丹炉，以及蓬岛瑶台、方壶胜境、海岳开襟等处，名称都是来自道家的。炼丹不多说了，影视剧里有不少反映，清代圆明园里开展了这一专项活动。徐福奉秦始皇旨意寻仙求药，"福海"便因徐福海中求仙药而得名。徐福失败了，秦始皇却不气馁，在自家跟前修起了象征东海和仙山的人工池及假山，这一举动影响了后世的园林建筑。尤其是在皇家园林里，"一池三山"从此成为常常光临的座上宾。福海中央的仙山叫作蓬岛瑶台，它的设计者应该算是唐朝山水画家李思训，他用画笔生动描绘了心目中的仙境楼台。雍正干脆照着他这幅《仙山楼阁图》修建了蓬岛瑶台（当时还叫蓬莱洲，乾隆统一四十景的时候改名为蓬岛瑶台）。

福海岛屿上的建筑、土山和林木组成福海四周的十余个佳景，其中有东岸的接秀山房，北岸的双峰插云、平湖秋月，西岸的廓然大公、澡身浴德，南岸的南屏晚钟、夹镜鸣琴，以及北岸深处的方壶胜境、三潭印月和南岸深处的别有洞天，都是美景。而三潭印月、平湖秋月、雷峰夕照、南屏晚钟、双峰插云都是仿西湖景色，而且连名称也照搬。圆明园中仿建的西湖十景，这里就占了一半。

下面介绍以下九景：蓬岛瑶台，夹镜鸣琴，别有洞天，接秀山房，涵虚朗鉴，方壶胜境，平湖秋月，廓然大公，澡身浴德。

福海风光

🌀 4.1　蓬岛瑶台——仿李思训画意的仙山楼阁而建

蓬岛瑶台是福海中的大小三岛，借景东海三仙山。蓬岛瑶台建自雍正初年，时称蓬莱洲。福海和蓬岛瑶台在圆明三园的中心，湖中心就是福海，又称东湖。整个湖区，湖光山色，优美如仙境。

△蓬岛瑶台

乾隆五年（1740 年）之后蓬岛瑶台和福海改建修缮工程仍颇为频繁。

一是乾隆二十九年（1764 年），新盖成两卷三间留春殿。

二是乾隆三十一年（1766 年），在留春殿前添建游廊楼。乾隆四十二年（1777 年）西边平台上游廊油饰见新。

三是乾隆四十三年（1778 年）七月，日日平安报好音方亭并平台游廊俱改建楼座工程。

四是乾隆五十年（1785 年），蓬岛瑶台殿宇、亭座、游廊、房间及东边五孔板桥修缮和油饰见新。

五是乾隆五十六年（1791 年），换修琉璃爆釉瓦件，由乾隆五年（1740 年）原管工大臣和管工监督分别赔缴。

六是嘉庆十七年（1812 年），修理圆明园蓬岛瑶台等处殿宇、游廊等项工程。添改工程，殿宇覆琉璃瓦件。

随着园林的扩建，福海的园中位置也发生了位移变化，处于圆明三园的正中心，被称为"圆明园的鼻梁"，东边便是长春园和绮春园。

△瀛洲小亭

福海是圆明园内园水系中最重要的。福海自然不是海，是圆明园中的一个内湖。福海中的蓬岛瑶台都取材于神话传说中的仙境。福海之名是象征神话中的东海，按照徐福渡海求仙的寓意，取名福海。蓬岛瑶台则是象征东海神山。这是一个以神话立意的景色。福海在雍正年间命名之前俗称东池或东湖，经过雍正即位后的进一步开拓，福海才有了后来的规模。

福海以辽阔开朗的景象取胜。水面近于方形，是圆明园中最大的水面。每年在园中举行端午龙舟竞渡，为平日里的大船游览行驶提供了保证。福海风光秀丽，极为舒适，冬日时又自然结成冰面，可供帝王滑冰娱乐。每当佳节来临，福海便成为圆明园中的主要活动地。福海西部水域是每年端阳节举办龙舟竞渡之处，皇太后及后妃内眷例在蓬岛瑶台观赏龙舟。

福海亦是每年七月十五日中元夜燃放烟火和放河灯之处。道光时福海中元烟火共用花炮 22270 件及水戏鸳鸯鹅鸭鱼等河灯 600 个。

1860 年圆明园罹劫时，蓬岛瑶台一景因在水中而幸免于难。同治九年（1870 年）七月二十五日夜间毁于火灾。当时岛上没有太监、园户住宿，福海芦苇高密，水深无船，在藏舟坞值更的太监无法往救，被重责八十大板，总管太监各被扣罚钱粮 3 个月。

1917 年以后，废墟的圆明园中开荒种地，这种行为一直持续到 20 世纪 70 年代末。1984 年 9 月，在北京市和海淀区政府及社会各界的关心支持下，圆明园管理处采取民办公助形式，共同开发建设遗址公园。遗址保护整修工作的首期工程就是整修福海。

经百年风雨，福海已沦为苇塘、鱼塘。1985 年整修福海景区时，全面整理蓬岛瑶台山石，补砌临水条石驳岸，修复东西两座曲桥，并复建瀛海仙山六方亭和西岛值房院。

蓬岛瑶台原有乾隆、嘉庆、道光御笔刻石多幅（座），今仅在东岛残存道光"瀛海仙山"诗刻石一件。

🎋 4.2　夹镜鸣琴——取李白诗意而建

夹镜鸣琴位于福海南岸中部。建自雍正时，西部的湖山在望和东部的西山入画为雍正九年（1731 年）三月皇帝御书匾。乾隆四年（1739 年）九月挂起乾隆御书"夹镜鸣琴""一碧万顷"及"聚远楼"匾额。乾隆九年（1744 年）夹镜鸣琴仅显中部夹镜鸣琴、广育宫等景物风貌。

乾隆二十八年（1763 年）前后，福海南岸添盖了一座五间开鉴堂。东部有南屏晚钟、西山入画和山容水态诸景物，西部尚有佳山水和洞里长春。在道光十年（1830 年）前后，福海南岸全部由自然石换砌成大料石驳岸，东部渊渟镜澈、澄碧亭等三座亭宇皆同时重新改建。

夹镜鸣琴在福海正南岸四方重檐高台桥亭挂有乾隆三年（1738 年）九月皇帝御书"夹镜鸣琴"彩木青字匾。乾隆九年（1744 年）御制夹镜鸣琴调寄水仙子词序，取李青莲（即李白）"两水夹明镜"诗意，夹镜鸣琴就是取李白这诗意而建的，而内容上却比它更丰富了。这里"镜"是指水，"琴"是指水激石发出的声音。水与声本无联系，却组成了一幅大自然的美丽图画。

所谓"夹镜"，指的是连接两山横跨水面的一座石桥。桥北是福海的广阔水面，桥南则是两山之间的港湾，犹如两面清澈透明的镜面，把洁白的石桥夹在中间。所谓"鸣琴"，指的是桥东山崖上跳跃而下的溪水泠泠瑟瑟地奔流，观景时伴随着琴瑟般的乐声，精神顿时为之一振。

夹镜鸣琴遗址

夹镜鸣琴是由这两山两湖一座桥所构成的图画。桥上有一个重檐四坡攒尖顶的亭子，亭亭玉立在石桥正中，成为福海南岸的亮点。东面山势挺拔，在山上的红叶和青杉之间有一座广育宫，每每有清旷悠扬的钟声传到山下亭中，因此这个小亭也得来南屏晚钟之名，倒也迎合了仿建西湖的同名景色。

△广育宫遗址

站在蓬岛遥台南望，只见一座亭桥横跨于福海南岸的两个小岛之上，犹如一道彩虹落在福海的岸上，极大地丰富了福海南岸的景观。桥东面一座高山耸立，悬崖突出，山石中长出的青松和红叶树好似悬在空中。山上有广育宫、凝祥殿等殿宇。站在桥上，望着南北平静的"镜面"，听着大自然演奏的音乐，"夹镜鸣琴"之名多么恰当啊，这诗意又是那么令人回味无穷，置身于这景色之美和大自然声音之美糅合在一起的环境中，怎不令人遐想联翩、心旷神怡！

圆明园罹劫后，20世纪50年代后期，福海南岸驳岸条石被运往城里铺砌广场。1985年整修福海时，重新补砌石岸。渊渟镜澈、澄碧亭及广育宫前部古建基址，于1998年全面清整。

4.3 别有洞天——炼丹于秀清村

别有洞天又称秀清村，位于福海东南角山水间，是一处崖秀溪清、亭台错落、环境幽雅的园林。南出秀清村门，为绮春园；东出绿油门，为长春园。而福海东南角的别有洞天，坐落在山清水秀之间，保持着清幽僻静的闲适气质。

△ 别有洞天石舫基座

福海东南角青翠高耸的山峰就像一道屏障，山后的景色让人平添了几分遐想。坐船乘溪流南下，就进入山后别有洞天的地方。这里的建设为一江两岸的工程，溪流进入山后，形成一个瘦长的湖面，建筑分布在湖的南、北两岸上。

别有洞天建自雍正年间。雍正八年（1730 年）八月传旨在秀清村安放银耳挖 6 根。同年十一、十二月间，内务府总管、太医院院使先后 4 次传旨，应当是在此开炉炼丹。

乾隆四年（1739 年）九月，正式挂起皇帝御书"别有洞天"和"韵松斋"匾。后期园林建筑添建改建仍十分频繁。

一是乾隆十六年（1751 年），别有洞天殿改建成三卷房，并添建纳翠楼等，同年夏季收拾见新"别有洞天"匾。

二是乾隆二十五年（1760 年）十一月，皇帝御书"澹闲室"匾，次年四月挂起，乾隆二十六年（1761 年）在秀清村河池两岸的这次较大规模的改建添建，实为略仿保定莲池书院的园林意境。

三是乾隆三十五年（1770 年），秀清村南边添建楼座，拆盖游廊及油饰裱糊等项工程。同年七月乾隆御书"眺爽楼"匾文，此楼应为开辟通向绮春园的门径工程。

四是乾隆四十三年（1778 年），拆修活画舫及粘修延藻楼等处游廊槛窗。乾隆四十八年（1783年），皇帝御书"自达轩"匾，乾隆五十一年（1786年）、五十二年（1787年）见"自达轩""萃景斋"御制诗。

五是乾隆五十六年（1791年），翻修竹密山斋并东山游廊及开鉴堂五间。乾隆五十九年（1794年）、六十年（1795年）翻修芸晖屋殿及清徽亭、波心亭，修缮活画舫。

六是嘉庆八年（1803年），疏浚宁和镇至秀清村清渠，并有改建添建。六景为活画舫、扇熏榭、写琴书屋、玉荣山馆、染碧斋、筑云巢。

△ 别有洞天石碑

道教把仙人居住的地方叫作"洞天"，看到"洞天福地"4个字，就知道来到道家圣地了。

别有洞天北面的假山后，还有西山入画和山容水态两座屋舍，驻在小径深处，隐没在群山之间。从别有洞天前面的小桥走到湖南岸，下桥便来到水木清华门前，与之相连接的是纳翠楼。水木清华是南岸的主体建筑。坐在这座四坡小方亭内，纵览这一方天地，即使做不成神仙，也可偷来浮生半日闲。

这里整个被青山遮蔽，园林建筑在流水和青山之间挥洒自如，流露出一副对尘世的厌倦以及对自然的依恋之情。明亮简洁的色调勾勒出轻松自在之态，使人在忘我之中修身怡情。

圆明园罹劫后，别有洞天遗址山水轮廓仍存。从1985年起相继整修恢复了山水原貌及东南隅幽谷曲径，补砌活画舫的石舫基座，清理古建基址，并修复了西翼的水城关石墩及东侧的石墩仿木桥，还在西南部山上原方形遗址处修建了一座四方亭。如今别有洞天遗址已是难得的山水园林佳境。

原时赏斋院内的"青云片"太湖石连同底座，1925 年春被运往社稷坛，今在中山公园南门内东北原来今雨轩正南。

4.4　接秀山房——观鱼跃景观

接秀山房后期改称观澜堂。位于福海东岸南半部。接秀山房建自雍正九年（1731 年）前后，同年三月雍正御题接"秀山房""揽翠亭"匾文。

接秀山房正宇三楹西向，后稍东为琴趣轩，其北方楼为寻云，东南为澄练楼，楼后为怡然书屋。寻云楼稍东佛室为安隐幢。接秀山房之南为揽翠亭。未见接秀山房的中前期具体园林布局。嘉庆二十二年（1817 年）前后有较大改变，南部庭院一带改建成三卷大殿观澜堂。

观澜堂前后皆围圈院墙，设月亮门，北为漏窗墙，南为花墙，堂东建围房十间。此堂尚有内额六合清朗、玉镜涵秋和天临海镜。另有一幅内额怡旷轩，亦似悬于堂内。乾隆朝中期每逢佳辰令节，云锦墅悬挂廊灯 3 对，即五福骈臻灯一对、四方绢画灯两对。乾隆五十八年（1973 年）遵旨粘修云锦墅月台前临河码头。

观澜堂南向三卷五间大殿，外檐挂嘉庆御书"观澜堂"匾。堂为嘉庆后期改建而成，嘉庆二十四年（1819 年）正月首见观澜堂御制诗，此后不足两年共题咏 9 次。道光、咸丰二帝亦喜在此堂园居，分别题诗 16 次和 2 次。道光还多次在此堂侍奉皇太后进膳。嘉庆二年（1797 年）同见接秀山房与云锦墅御制诗，达 22 次之多。

△接秀山房石碑

△接秀山房遗址夏景

实际上已改称的五间西向临湖殿宇名"云锦墅"，南侧揽翠亭无存，其余原楼、轩、山房、书屋诸额亦皆不见。另有数幅匾额则不详所悬何址，即为道咸时期园林格局。读书之余来到假山上的远秀山房，可远赏西山秀丽的峰峦，耳听林中鸟儿鸣唱。在靠近水池边的染霞楼，夏天满池荷花迎风摇荡。在临溪的云涛亭，可观赏珠玉飞溅的瀑布。登上秀拔山峰之上的飞睇亭，纵望园外，稻浪千顷。在清风拂面明月朗照中，是无边风月之阁，就是观澜堂。

观澜堂明间堂东西通面，比九州清晏慎德堂矮 1.6 厘米。嘉庆二十二年（1817 年）园中接秀山房（实即观澜堂）落成，这是望西山与观福海的好地方。

1860 年圆明园罹劫后，观澜堂一景似存少量残构。光绪二十四年（1898 年）四月，慈禧太后还曾游至此处，并降旨观澜堂找补大墙、平垫地盘和山道。1985 年整修福海山形水系时，挖掘廓清观澜堂高台殿基及部分甬路，并略施修补，置石刻图明知。

4.5 涵虚朗鉴——倚山面水的园林风景

涵虚朗鉴总称雷峰夕照。位于福海东岸北半部，倚山面水，也是仿建之作，是仿照杭州西湖的雷峰夕照建造的，是圆明园内西湖十景之一。

雷峰夕照坐东朝西，岸边用花岗岩砌成近水平台，虽没有西湖那座现已倒掉的标志性砖塔"雷峰塔"，但也是个精致玲珑的水边楼台，不失为欣赏西山风景的好地方。

会心不远殿南面湖建有抱厦殿三间，殿外檐悬挂乾隆御笔"雷峰夕照"匾。

杭州西湖的雷峰塔为砖石内心，外建木构楼廊，内壁嵌有刻着《华严经》条石，塔下供奉金铜十六罗汉像。明嘉靖三十四年（1555 年），倭寇入侵杭州，疑塔中有伏兵，纵火焚塔，塔檐等木结构件被毁，仅剩砖结构赭黄色塔身。此后，人们传说塔砖可以驱病健身，底层砖块被挖一空，终于 1924 年 9 月 25 日下午塔身突然倒塌，从此雷峰夕照徒有虚名，至今尚未恢复。

△涵虚朗鉴石碑

涵虚朗鉴建于乾隆三年（1738 年）前后，同年八月皇帝御书"涵虚朗鉴""贻兰庭""会心不远"等六副匾文。雷峰夕照西向临湖抱厦殿三间，外檐悬挂"雷峰夕照"匾，内额为乾隆御书"涵虚朗鉴"锦边壁子匾。乾隆五十八年（1793 年），奉旨修缮雷峰夕照殿三间及前抱厦三间，而涵虚朗鉴则在福海西岸澄虚榭。后来这两处互易东西，始定这处"结宇福海之东"者为涵虚朗鉴。

涵虚朗鉴景区分南北两个景区，北面建有一座重檐四方亭，亭上挂乾隆御笔"贻兰庭"匾，亭南建有平台，平台西设有栏杆，东建有月亮门可供进出，墙上还有各式什锦窗，平台南有会心不远殿与其相连接。雷峰夕照北为惠如春、寻云榭、会心不远，南为临芳众、云锦墅、万景天全。

涵虚朗鉴在福海东，即雷峰夕照正宇。其北稍西为惠如春，又东北为寻云榭，又北为贻兰庭、会心不远。其南为临众芳、云锦墅、菊秀松蕤、万景天全。其主要景物标名如雷峰夕照、惠如春、会心不远、贻兰庭等，均与《日下旧闻考》成书前后之内务府《奏销档》所载基本一致。

1985年整修福海景区，清整了贻兰庭、会心不远、惠如春和雷峰夕照等5座古建基址，在会心不远与贻兰庭之间原平台处建成游船码头。后又修复北侧三间值房，并在值房院南侧及明春门之北原库房处，新建商业服务用房。雷峰夕照殿南侧溪桥，复建为石墩、混凝土桥拱。古建基址清理后，在1988年置石刻图，但将会心不远殿基址误作雷峰夕照。

4.6 方壶胜境——寺庙园林

方壶胜境位于福海东北海湾内之北岸内湖，是一处仙山琼阁般的景观，南北临水，东西连山，其主体楼阁群实为一座寺庙园林。

△方壶胜境遗址

从福海驾船驶入湖中，就可欣赏到建筑群的全貌。它前低后高，北面建在岸上，南面伸入水面，整个建筑的底座都是洁白的大理石台基，屋顶则是以金色为主的琉璃瓦顶。当我们置身于轻波之中，便将这辉煌壮丽的一幕尽收眼底，不是仙境胜似仙境。

方壶胜境建自乾隆三年（1738 年）前后，乾隆五年（1740 年）三月皇帝一次御书匾文 20 张，皆做铜镀金字匾，同年十月持进挂讫方壶胜境，即迎熏亭、集瑞亭、凝祥亭、宜春殿和蕊珠门等。其中有 9 座楼阁总共大小佛龛 180 座，大小佛塔 32 座，大小佛 2227 尊。

方壶胜境一景乾隆初年建成之后，据乾隆、嘉庆二朝《奏销档》所见，较大的修缮工程共有 4 次。

一是乾隆二十三年（1758 年），奉旨全面油饰彩画。

二是乾隆五十五年（1790 年），宜春殿后檐添建天桥二座六间，并拆改垂花门，拆改宜春殿前金二次间内装修等。乾隆五十六年（1791 年）翻修后院东西穿堂楼。同年修理迎熏亭，换墁花斑石砖，拆安装修。乾隆五十九年（1794 年），拆修迎熏亭踏跺及四座临河码头等。

三是嘉庆十四年（1809 年），修缮方壶胜境殿宇、楼座、游廊、亭子等。

四是嘉庆二十一年（1816 年），拆修方壶胜境码头工程。

咸丰五年（1855 年）二月查到准确数，方壶胜境总共有大小塔 32 座，大小佛龛 180 座，哕鸾殿 196 尊，琼华楼 1983 尊，东配楼、西配楼、东北配楼等 6 座共佛 252 尊。以上总共大小佛 2235 尊，主要是琼华楼的供佛数目可能有误。若按《地盘全图》图注琼华楼 112 尊佛计，9 座楼共供佛 2227 尊，则二图（帖）供佛总数一致。

方壶胜境供奉佛像、佛塔如此之多，但却始终未见有关清帝来此拈香拜佛的记载。这里也不像园内其他庙宇那样由首领太监充当僧人上殿念经及供茶供干果素烛等，不详何故。

方壶胜境是一个以幻想中仙山琼阁为意境而建的景区。这是圆明园中最精妙的建筑，水面建筑气势如虹，水中出现摇曳的幻影。方壶胜境虽然是一个单独的景区，但它没有明显的界线，而是与四周环境自然相融。这幅情景，让人有一种误入仙山琼阁一般的感觉，妙不可言。

方壶胜境东临园墙，蕊珠门是通往长春园西洋楼景区的出入门径。方壶胜境遗址今多有残存。伸入湖中的 3 座石砌亭基及北侧临池石岸，1998 年福海清淤时均做整理补砌。

4.7 平湖秋月——仿杭州西湖"平湖秋月"而建

平湖秋月位于福海北岸的西部，境仿杭州西湖同名景。建自雍正朝，雍正七年（1729 年）见"平湖秋月"御制诗。

乾隆三年（1738 年）七八月间传做御书"流水音""松风阁"匾。乾隆九年（1744 年）平湖秋月仅含西部主景，东侧景点则见之于涵虚朗鉴。乾隆五十年（1785 年）平湖秋月、五十二年（1787 年）松风阁先后修缮。平湖秋月殿于嘉庆十六年（1811 年）前后改建成一座三卷式大殿。

△平湖秋月遗址

平湖秋月盛时逢年过节悬挂廊灯，有五福骈臻灯 2 对、六方绢画灯 4 对。平湖秋月南向三间三卷大殿，东、西、北三面出廊，前檐悬挂雍正御书"平湖秋月"匾。初建时，前为临水敞榭三间，内为正殿三间。嘉庆朝改建成一座三卷大殿，殿之东、西、北三面出廊，中卷又有前后廊。

乾隆三年（1738 年）挂御书匾，"流水音"3 字原为镀金铜字。乾隆二十一年（1756 年），奉旨将"流水音"3 个字刮金毁铜，仍用旧胎做黑漆金字一块玉匾。

咸丰五年（1855 年）中秋夜，咸丰在平湖秋月月供前念斋。从当年的彩画和乾隆为平湖秋月的题诗、诗序可知，土山上种着树木，山下是一片绿绿的翠竹。背山面湖是组建筑群，它的南面那一座宽阔的敞厅便是平湖秋月，其中在松风阁是藏密楼东临正楼五间，外檐挂乾隆三年（1738 年）御书"松风阁"匾。乾隆三十五年（1770 年）四月十八日是碧霞元君诞辰日，在松风阁过皇会。乾隆二十一年（1756 年）四月十六日，松风阁演会，乾隆早膳并办事完毕后，乘船至松风阁看会。十八日，正式过皇会，乾隆乘轿至福海南岸聚远楼，等着接皇太后在该楼看会，尔后乾隆至广育宫拈香完毕后，乘船至北岸松风阁看过会。

△藏密楼石碑

平湖秋月是欣赏福海水景与中秋赏月的佳处，坐在敞厅中，从南面、东面都可观赏福海景色。杭州西湖的平湖秋月是背倚孤山，三面临水，同时，因建筑贴近水面，使人与水更为亲切。而圆明园的平湖秋月建筑群既远离湖岸，又比湖面高出许多，没有临湖的特点，不能更好地体现西湖平湖秋月的意境，更好地观赏到湖水月色融合的美妙景色。

如今平湖秋月的主体建筑地基已被清理，岛北部的土山已是松树成林。福海北岸共有三座桥，平湖秋月西桥为三孔木盖板桥，两峰插云桥为五孔高台石墩木栏桥，前者为五孔木踏跺桥，后者却显三孔木盖板桥。

1985 年整修福海山形水系时，北岸五孔桥的条石桥基尚完好，复建为混凝土桥身木栏桥，后来改建为石栏板。福海北岸各处古建基址，1998 年进行全面清整。

🎋 4.8　廓然大公——仿无锡寄畅园而建

廓然大公亦称双鹤斋，位于福海西岸在西北角山水间，是一处园中园。廓然大公一景建自康熙朝后期，初名深柳读书堂。

康熙五十八年（1719 年），胤禛赋"园景十二咏"即有深柳读书堂诗目。雍正四年（1726 年）有增建。乾隆三年（1738 年）九月皇帝御书、次年九月挂起的匾额有"廓然大公""四面云山""落花水面皆文章"等 6 匾。从乾隆十九年（1754 年）起北部又有大规模改建增饰，次年十月挂起皇帝御书"绮吟堂""丹梯""峭茜居"等 11 石匾。乾隆二十年（1755 年）御制廓然大公八景诗中有规月桥、披云径、韵石淙之目。此次改建，境仿无锡惠山寄畅园景致，叠石亦模盘山静寄山庄云林石室之山石。乾隆五十五年（1790年）遵旨修理双鹤斋、廓然大公二殿等项工程。

△廓然大公遗址入口

　　双鹤斋又称双鹤斋前殿。乾隆三年（1738年）十一月，西洋画师郎世宁的徒弟奉旨为双鹤斋画油画，十二月底画得山子式地景子母鹿。乾隆十九年（1754年）四月令郎世宁为双鹤斋前殿西墙起稿通景画，乾隆二十三年（1758年）又令郎世宁、金廷标为前殿西墙合画大画一幅。

　　双鹤斋寝宫，乾隆十九年（1754年）闰四月新盖得时，增摆竹式椅子，皆配做锦套。乾隆三十六年（1771年）查得双鹤斋寝宫改做添配靶圈押条安挂双鹤斋。双鹤斋大殿、前抱厦及后廊地面，原皆砌三色石砖，乾隆五十五年（1790年）奉旨改墁为花斑石砖。咸丰八年（1858年）每逢佳辰令节，双鹤斋前后高悬紫檀木四方绢画廊灯11对。

　　山高先得月亭西侧即双鹤斋南边山环内有值房院和库房院。双鹤斋库房道光时存储戏衣、十番乐器等。咸丰八年（1858年），因咸丰亲往查库，运十番乐于双鹤斋，择内监之幼小者服彩衣，奏十番乐于斋中，名金童乐。后粘杆处侍卫亦令加入之，名"打十番"。

　　1860年圆明园罹劫时，双鹤斋一景基本幸免于难。同治十三年（1874年）试图择要重修圆明园时，曾令全面修缮本景。光绪朝查勘本景时，留存的破旧建筑尚有双鹤斋、廓然大公殿、库房和环秀山房等。直至光绪二十二年（1896年），仍奉旨粘补修理双鹤斋、环秀山房等处桥梁，慈禧太后、光绪皇帝并屡至

廓然大公遗址

双鹤斋等地游观。

1900 年八国联军入侵北京，双鹤斋等处残存的少量建筑全部毁于战乱之中。1900 年春，双鹤斋亦尚宛然在，仅窗残壁裂而已。1900 年以后不具屋形矣。至 1912 年其基已无。

廓然大公是圆明园诸景中建置最早、毁之最晚的。北部残存叠石颇丰，亦是园内诸景最多者。遗址南部山环一带自 1918 年起逐渐成为一处民居村落计 34 户，2000 年已全部拆迁，现在已经恢复水系。

4.9 澡身浴德——每逢佳节观海之地

澡身浴德又称澄虚榭，位于福海西岸。澡身浴德始建不晚于雍正朝，有雍正御题"溪月松风"匾。乾隆三年（1738 年）十一月、乾隆四年（1739 年）九月先后挂起"南部澄虚榭"及"北部望瀛洲""溪山罨画"等御书匾。乾隆九年（1744年）曾总称涵虚朗鉴，后正式定名澡身浴德。

澡身浴德出自《礼记·儒行》，是一个成语，意思是修养身心，使纯洁清白。《礼记·儒行》的澡身而浴德，《庄子·知北游》的澡雪而精神，都强调通过自我反省，清洗思想上的污垢，清除意念中庸俗的东西，使神志、思想保持纯正，才能获得新生。

乾隆二十九年（1764 年），南部澄虚榭西侧又添建新宫。澄虚榭在福海西岸南部东向正殿三间，外檐悬乾隆三年（1738 年）皇帝御书的"澄虚榭"彩漆金字匾。在殿内悬乾隆御书匾"澡身浴德"。而澄虚榭尚有内额大观斋和长天一色。乾隆十九年（1754 年）二月皇帝御书红绢"澡身浴德"匾文，造办处托纸换贴于雷峰夕照殿内明间东风窗旧匾壁子上，其后不详何时移此匾于澄虚榭。

圆明园盛时，每年五月端午节，照例在福海举办龙舟竞渡活动。每逢佳辰令节，澄虚榭前廊高悬紫檀木八角绢画宫灯两对。嘉庆在端午节时，召诸王大臣内廷翰林侍卫等澄虚榭观龙舟，并有多次题咏。

望瀛洲亭在澡身浴德之北度，三孔板桥，临岸四方亭，亭外悬挂乾隆三年（1738 年）皇帝御书的"望瀛洲"匾。此匾原为镀金铜字匾，3 个字镀用九成金，乾隆二十二年（1757 年）奉旨刮金毁铜，用旧胎做黑漆金字一块玉匾。乾隆五十七年（1792 年），这座四方亭原砂砖地面，换墁为花斑石砖。北海镜清斋楠木殿亦同时换墁。

望瀛洲是乾隆每年端午率王公大臣观阅福海龙舟竞渡之处。在乾隆二十一年（1756 年）端阳节，五月初一、初四、初五福海斗龙舟，乾隆皆至望瀛洲观阅。初一时独自看演龙舟，初四、初五则是率王公大臣同观。望瀛洲亭旁竖立一通汉白玉昆仑石，碑之两面各镌刻乾隆御笔望瀛洲诗一首。嘉庆二十四年（1819 年）和道光前期，五月初一、初五，南府仍屡次承应望瀛洲斗龙舟。道光三年（1823 年）在望瀛洲作斗龙舟之戏时，在龙船上表演的各种玩意多达 22 个，诸如瑞雨禾丰、彩台偶戏、光华宝塔、五谷丰灯、洞仙歌、吉祥锣鼓等。

圆明园罹劫后，澄虚榭至溪山罨画一带，从 1918 年起逐渐成为一处较大居民村落计 41 户，原澄虚榭、旷然阁一带是福海生产队队部所在地。2000 年已全部拆迁。望瀛洲昆仑石碑今在国家图书馆文津街分馆院内。

△澡身浴德石碑

第5章
长春园景区

　　长春园由宫门区、中央、西部和东部组成，因它是乾隆归政后颐养天年、游息玩赏之地，园林建筑就比较单纯一些，在园林的布局上显得更自由。

《圆明园山水楼阁图册》

　　乾隆在扩建圆明园时，将圆明园东面水磨村这一片拓建为长春园，并于乾隆十年（1745 年）开始动工兴建。乾隆在少年时父皇赐长春仙馆居住，并赐号"长春居士"，在那里读书。乾隆以当年的赐号为名取名"长春"，是希望自己青春常在、福寿绵长吧！

　　长春园有传统园林建筑，也有欧式园林建筑。在长春园北部的狭长地带，有一组欧式园林建筑，俗称西洋楼。这是欧洲建筑和园林艺术首次出现。这座中西建筑风格合于一体的谐奇趣，最初并不被人们所看好，总觉得西式主体建筑覆上中式屋顶会显得不伦不类。我国园林崇尚自然，力求清雅、素静，注重对自然山水的追求，对人工动水的喷泉则注意较少。但谐奇趣楼建成之后，人们却不得不惊叹这座建筑之巧夺天工，移植欧洲园林，将中西建筑法式结合得如此自然。乾隆修建西洋楼的目的主要是猎奇，并在其中陈列西方国家赠送的西洋物品，以炫耀大清王朝无所不有和富强，满足他的虚荣心。

　　长春园的中心是一个大岛和几个小岛，几条不同形状的岛堤将大湖划分为七八个小湖。岛堤上堆土为山，给人以真山之感。中央大岛上是淳化轩。西面湖中有海岳开襟。其他景区或建于水中，或建在岛上，或依山临湖，都因水而成景。淳化轩东、西两侧临水相望的是玉玲珑馆和思永斋，玉玲珑馆东南有个宁静的港湾映清斋，而思永斋东侧则有精致小巧的花园，是仿杭州汪氏园而建的小有天园。园的东南建有如园，东北部有狮子林。经过多年的建造，长春园成为中西建筑兼有的水景

夕阳下的大水法与远瀛观遗址

园林。长春园有 30 多处景致，基本建成后，乾隆命沈源画长春园全图一幅。乾隆五十一年（1786 年）乾隆又命人在长春园全图上添画了如园、鉴园、狮子林等景，都是倚靠院墙临水而筑，各院又根据不同的环境堆山理水，形成不同风格。

　　西洋楼景区的建筑艺术和园林艺术，基本是体现在喷泉的设计上，既要借鉴西方，但又必须符合乾隆的审美情趣。也就是说，在这方面必须把西方的文化和中国的文化相融合，创造出既有西方韵味，又有中国传统文化的喷泉，但又融入许多中国的建筑和造园艺术，这在世界上都是独一无二的。

5.1　线法山——观望威尼斯城的建筑游戏

　　线法山位于大水法之东，由圆形土丘、西式亭及山下东西牌楼门组成。线法即西洋焦点透视法之意。

△线法山遗址

　　线法山是一个人工堆砌的圆形小山丘，但坡度较陡。线法山圆形土山，筑环状盘旋蹬道，三折可登山顶。道旁障以黄绿色琉璃矮墙。据说从上到下筑有五圈黄绿色琉璃矮墙。第一、三、五圈是东西开口，第二、四圈是南北开口。矮墙之间形成之字形上山蹬道。人们上山循着之字路辗转反复才能到达山顶。山虽不高，却给人一种山高路远之感。虽然观水法与线法山只有百米之距，但却给人一种远山人小的感觉。该线法山当时俗称转马台，因乾隆乘马登山而得名。山上建有一座双檐八角四券西式亭，在此向西可俯视壮丽的欧式楼阁和喷泉景观，向东可远眺西方风格的街市民居风光。

线法山西门的四柱三间西洋牌楼门，明间为圆券式大门，两次间为方券式小门，平形上檐有五色琉璃番花顶 7 件。

螺狮牌楼门即线法山东门，是一座 3 个弓形的凯旋门，时称螺狮牌楼。山的东、西两面各立着一个牌楼门。西门为正门。东门有 3 座雕琢精美的拱门。

△螺狮牌楼遗址

西洋楼最东边有一山一河，即线法山与方河。方河是一长方形河面，位于线法山东侧。河岸南、北砌着砖墙，这些砖墙是用来挂线法画的。这便是利用透视学原理巧夺天工而成的线法画，且让观景之人犹如置身美景之内，效果是游景，这便是线法墙的妙处。

相传容妃入宫之后，远离故土，很想念家乡。乾隆为安慰容妃的思乡之情，

△方河

让郎世宁、沈源等绘制了容妃故乡新疆阿克苏十景，悬挂在线法墙上。这些画很有立体感。画的最后障以远山轮廓，意境深远。容妃坐在线法山的亭子里，透过螺狮牌楼东望线法画上的阿克苏风光景色，加之方河中的倒影随波荡漾，宛如真景，她仿佛回到了千里之外的故乡。

线法墙的主要用途是用来悬挂风景画，这样使悬挂在墙上的画有了立体感和透视感。墙上的画可以随时更换，据说，站在线法山上透过螺狮牌楼，隔着方河欣赏线法画，画面最为清晰，还能看见映在方河中线法画的倒影。

圆明园罹劫后，西洋楼的建筑石件长期受到军阀、官僚、土匪地痞的盗窃破坏。1933 年地方当局曾一度在线法山上修建哨所三间，派驻警察 4 名，负责看守园内遗物。如今除土丘外，仅见西门少量石雕残件、东门一些坍塌假山石。线法画遗址南侧东墙，1983 年修复虎皮石墙时开辟为圆明园遗址公园东门。

△《圆明园西洋楼铜版画》——线法山门正面

△《圆明园西洋楼铜版画》——线法山正面

△《圆明园西洋楼铜版画》——线法山东门

△《圆明园西洋楼铜版画》——湖东线法画

5.2　大水法、远瀛观与观水法——乾隆观赏喷泉景观之地

　　大水法喷泉群是乾隆二十四年（1759年）与海晏堂同期建成的，其北侧高台上的远瀛观则是乾隆四十八年（1783年）新添建竣工的。

　　大水法是由一座坐北朝南的大型石雕屏风和3组喷泉组成。此处喷泉是西洋楼大喷泉中最为壮观的，设计独特，造型优美。这里也是西洋楼最热闹的地方。此处的喷泉设计，当年郎世宁、蒋友仁还是颇费了一番心思的。

△大水法遗址（正）

△大水法遗址（背）

大水法与远瀛观遗址

远瀛观遗址

大水法与远瀛观西邻海晏堂，位置在长春园南北主轴线与西洋楼东西轴线十字交会处，自北向南由高台大殿远瀛观与台前大水法喷泉群及观水法组成。

观水法、远瀛观、大水法一带巧妙的喷泉水戏，集中了水法的精华。观水法在大水法的对面。这里是皇帝观赏喷泉的地方。在汉白玉石的台基上，有一个雕刻得特别精致华丽的汉白玉宝座。中国历代皇帝的宝座都是坐北朝南，唯独这里是坐南朝北。因为喷泉在北面，要观赏它，宝座只能如此安放。另外，可能还有以下原因：第一，由南向北看，才能看到阳光照耀下水雾折射出的彩虹。第二，可避免阳光直射眼睛，便

△ 远瀛观遗址石柱

于欣赏喷泉。观水法的台基上没有房屋等遮阴的建筑物，为避免皇帝"龙体"被日晒，在宝座前方的两旁安放了两只神态生动的铜鹤。由宝座靠背处形成一个顶棚。宝座后面是一座弧形的石屏风，还有一个伞状西洋麾盖。屏风中间镶嵌着 5 块西式石雕屏心。屏风的绿篱上有巴洛克式西洋门。石屏后面有一道将西洋楼隔开的墙，墙上有门，也都是西式。通过这两道门可以到南面的建筑泽兰堂。乾隆五十八年（1793 年）英国使臣马戛尔尼、乾隆六十年（1795 年）荷兰使臣德胜先后到此观赏过喷泉奇观。

△ 观水法遗址

△《圆明园西洋楼铜版画》——远瀛观正面

△《圆明园西洋楼铜版画》——大水法正面

△《圆明园西洋楼铜版画》——观水法正面

大水法是以喷泉为主景的。大水法为巨型石龛式，中券前边有狮子头喷水瀑布，成七级水帘。前下方为椭圆形菊花式喷泉池，池中心有一只铜梅花鹿，从鹿角喷出水柱八道，两侧散布 10 只铜狗，东、西两端又各有一只类犬而大的卷尾铜兽，均作逐鹿之状，从口中喷水直射鹿身。俗称猎狗逐鹿喷泉，西洋人称之为"兽战"。

大水法的左右前方，各有一座大型西式喷水塔，方形，十三级，从塔顶喷出水瀑一齐喷水，蔚为壮观。周围水柱直冲而上，那飞溅飘洒的水星犹如无数颗从天而降的珍珠，它们在阳光照耀下折射出一道美丽的彩虹，形成一幅绚丽多彩的喷泉图景。据说当年这里所有喷泉都喷水时，两人在此谈话都听不清，需要借助手势。

远瀛观的高台南向西洋钟楼式大殿，平面呈倒凹字形。殿内悬挂乾隆四十六年（1781 年）闰五月皇帝御笔"远瀛观"字，做彩漆西洋花边玻璃心匾，做法同海晏堂匾。

1860 年圆明园被毁时，石屏风基本保存，但也有一段曲折的经历。大约在1912 年后（此时圆明园还为紫禁城的溥仪小朝廷所有），园内太监私自盗卖这 5块石屏心和 2 个小方塔，向私商讨价还价之际，满族贵族贝勒载涛得知此事，将太监逐出圆明园，把 5 块石屏心和 2 个小方塔都运到他的赐园朗润园西门内。

1920 年燕京大学建校时购买了此园，新中国成立后，这里改为北京大学，这 7 件石雕也一直丢在那里。1977 年秋圆明园管理处才将其运回安放在原处。人们从石屏心上精致的雕刻，可遥想观水法昔日的风姿。

5.3 方外观与海晏堂——人工喷泉，时称"水法"

方外观和海晏堂与东侧的大水法喷泉群，都是同期所建。乾隆二十一年（1756 年）四月，郎世宁画得"谐奇趣东边西洋式花园"地盘样小稿（平面设计图），奉旨照小样交圆明园工程处成造，乾隆二十二年（1757 年）七月，蒋友仁呈览新建水法仪器样，奉旨照样做，由造办处匠役随蒋友仁依样做。至乾隆二十四年（1759 年）闰六月，长春园的这座新建水法竣工。

方外观、海晏堂位于养雀笼西洋门之东。说到方外观，使人们联想到乾隆的维吾尔族妃子容妃，也就是传说中的香妃。

历史上关于容妃的传说很多，成为人们热烈讨论的话题。容妃究竟是什么人？有人说，她名贾姆丽孜木，教名依帕尔汗，维语的意思是香得很，这也许就是香妃此名的来源吧！也有人说，她进宫后，仍保持着新疆维吾尔族妇女的习惯，头上爱戴沙枣花，身上有一股浓郁的沙枣花香，所以被人称为香妃。容妃信仰伊斯兰教。为尊重容妃的宗教信仰与民族习惯，乾隆将西洋楼的方外观改成了香妃做礼拜的清真寺，室内安放着两块伊斯兰教的碑文，在直径为 4 尺的白色大理石上，雕刻有阿拉伯碑文，这两块石碑已不复存在。方外观的南向两层三间西式楼，初时俗称新建水法殿三间楼，在铜版图上始见方外观。匾额 3 字挂于内檐。楼顶为重檐庑殿式，覆蓝、绿两色琉璃瓦。

无论是楼房还是喷泉，都充分体现了中西文化的融合。西洋式的石建筑许多地方都点缀着传统的建筑形式，而喷泉更是独具匠心。海晏堂由西面的主楼及其楼前喷泉和主楼后面的工字蓄水楼及其南北的喷泉组成。

海晏堂正门朝西，楼上门前左右有弧形叠落石阶数十级，环抱楼下喷泉池。楼门前左右石阶内外分置石鱼（时称石鳌鱼）、石狮各一对，皆从口中喷水射入石槽，顺槽而下形成叠落瀑布，导入阶前喷泉池。海晏堂前边的这座大型喷泉池略呈菱形，喷泉池的东沿正中高耸一尊巨型石雕贝壳形番花，在石贝前下方八字形高台上，分列 12 只人身兽头青铜雕像，南边从内向外依次为鼠、虎、龙、马、猴、狗，北边依次为牛、兔、蛇、羊、鸡、猪。这十二生肖每天按子丑寅卯辰巳午未申酉戌亥十二个时辰的顺序各轮流喷水一个时辰（两个小时），正午时刻则一起喷水，周而复始，俗称水力钟，成为欧式人工喷泉洋为中用、中西结合的一件杰作。

△方外观遗址

△海晏堂遗址石贝

△海晏堂遗址

△海晏堂遗址残石

△蓄水楼遗址

△ 蓄水楼遗址西侧俯瞰

△ 蓄水楼遗址东侧俯瞰

△《圆明园西洋楼铜版画》——蓄水楼东面

△《圆明园西洋楼铜版画》——方外观正面

△《圆明园西洋楼铜版画》——竹亭北面

△《圆明园西洋楼铜版画》——海晏堂西面

△《圆明园西洋楼铜版画》——海晏堂北面

△《圆明园西洋楼铜版画》——海晏堂东面

△《圆明园西洋楼铜版画》——海晏堂南面

　　圆明园罹劫后又经百年风雨，海晏堂蓄水楼的海墁高台及方外观的石雕方柱，至今仍巍然屹立。方外观前边的五孔束腰式石平桥，今存北京大学未名湖北岸。海晏堂及西侧各处遗址，于1992年全面清运渣土，廓清基址，并归位部分柱石及水池。

　　海晏堂遗址北侧，如今辟为圆明园园史展览馆、石刻遗物展示区和勿忘国耻墙。

　　海晏堂十二生肖喷泉青铜头像，现有8尊回归中国，蛇首、鸡首、狗首、羊首则下落不明。

🌀 5.4 黄花阵——仿欧洲迷宫而建

　　黄花阵位于谐奇趣北面。当时叫花园，又称万花阵、黄花灯，是仿建的一处欧式迷宫，由南部方阵与北山西式方亭组成。在《圆明园西洋楼铜版画》中标名花园，在内务府奏折及样式房平面图中则称黄花阵、黄花灯，光绪年间亦称万花阵。

黄花阵

△ 八角亭

△石狮

黄花阵的方阵为南北长方形，四面设门，阵中心为高台圆基八角亭，寓意天圆地方。墙面镶嵌"卍"字不断雕花青砖，划出无数往来复回曲折的夹道。寻着曲折的道路前进，让人有时走入死胡同而返，有时迎面撞着急寻出口的人，有时可能又绕回到了原地，以为戏乐。阵内四角有八方树圈阵眼，各植龙爪槐一株。阵墙上面据说原栽植小罗汉松，铜版画显示为三层圆塔树形。乾隆五十八年（1793年）在黄花阵花砖墙上面铺贴草坯，并逐日浇水。

黄花阵北门内有西式小楼三间，楼南为方形高月台。由楼前东西两翼小型平台向北登十一级"扒山踏跺"即可攀上二楼。从高月台降至小平台亦为十一级踏跺。高月台之前置卧式石狮（俗称"水兽"）一对，背驮宝瓶上有小型喷泉机关。这座楼上似应设有蓄水池，专供此处喷泉用水，时称黄花灯北水法锡海。该蓄水池安设一架辘轳，由人工用大罐打水上楼。在"水兽"喷水机关南边有一肾形"水池"，池对面为月台，东、西两侧各有十三级踏跺可登。

乾隆年间，每逢中秋节，这里都要举行活动。皇亲国戚进入迷宫都要到八角亭前接受乾隆的赏赐。迷阵中央的汉白玉石圆顶八角亭坐落在汉白玉的高台之上，居高临下，可观察到阵中的一切活动。亭中设有西式座椅，这是为皇帝准备的。夜晚迷宫的景色更迷人。在月光下，妃嫔宫娥们手执点着蜡烛，拿着黄色彩绸做的莲花灯，从四门进入迷宫，在迷阵中循着迂回曲折的道路奔跑追逐，众多的灯光一忽儿像无数颗星星在绿松中闪耀，一忽儿像条条灯龙在迷宫中穿梭，此时"万花阵"里欢声笑语，笛箫管弦齐鸣，呈现一幅美妙的动人夜景。先到达八角亭者还可得到皇帝的赏赐。此情此景多么壮观！

1860年圆明园罹劫后，光绪二十二年（1896年）二月至九月，慈禧太后还曾三次游至此阵，时称黄花灯或万花阵。20世纪初黄花阵已夷为平地，后唯存中心亭座土墩。1987年、1989年，先后在原址按原样修复黄花阵全部阵墙和欧式圆亭。亭子全部用汉白玉雕拼而成，不施砖瓦寸木。

△《圆明园西洋楼铜版画》——花园门北面

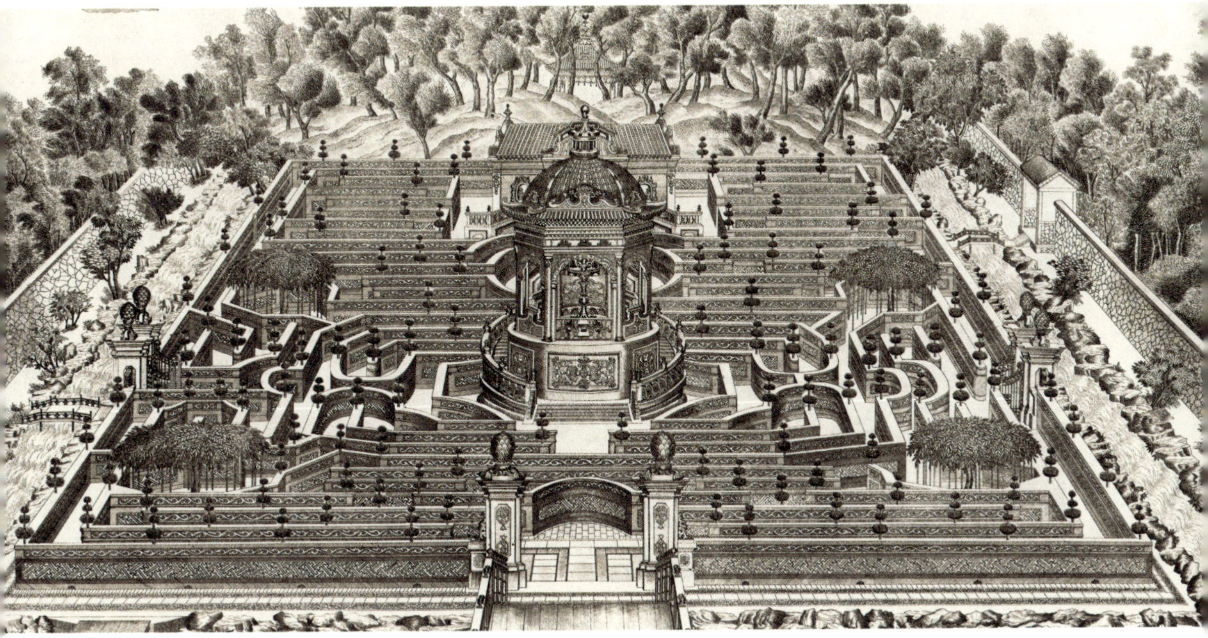

△《圆明园西洋楼铜版画》——花园正面

5.5 谐奇趣与养雀笼——第一座欧式水法大殿与小动物园

　　长春园北仿建有欧式园林建筑，俗称西洋楼。西洋楼景观呈"卜"形。谐奇趣位于西洋楼的西端南半部。

△谐奇趣遗址

　　谐奇趣是西洋楼景观最先建起的一座建筑，由谐奇趣楼和楼前楼后的喷泉群及其西北侧的供水楼组成。从乾隆十二年（1747 年）开始由供职的耶稣会士郎世宁、蒋友仁设计指导筹划。乾隆十五年（1750 年）三月造办处为水法（即喷泉）池制作铜鹅、铜鸭，十一月为水法处水池泊岸铸造铜兽，至乾隆十六年（1751 年）秋季正式竣工，并挂起乾隆御书"谐奇趣"和"涵清虚"匾额。

　　谐奇趣整个建筑为弧形。中间主楼高三层，二层主楼前后都有平台，通过石台阶可下到前后院。前面台阶下有甬路环于喷泉水池，通于亭廊。当年不仅可以在二楼平台上居高临下欣赏水池中的喷泉水戏，也可随着甬路前进近距离地观赏。楼前是半月形两层平台，上层平台上有一对雕刻十分生动的西洋石狮。主楼前方两翼各有一座二层五色琉璃八角楼亭，游廊将它们与主楼连接起来成为一弧形环抱楼前的喷水池。从主楼到八角亭，既可由二楼平台经游廊的平顶到达亭子二层，也可从一楼的游廊到其一层，而且景观迥然不同。两侧的琉璃八角楼亭，把中间的主楼衬托得更加夺目而庄重。当年这里经常传出悦耳的音乐。说起音

△谐奇趣遗址残石

乐，乾隆组建过一支西洋乐队，还专门请了来华的传教士或精通音律的洋人充当教师和指挥。乐器有脚踏风琴、大小风琴、双簧管等。乐队的成员则是嘴上装饰假须、身穿对襟马褂、头戴花翎的太监。这大概要算是中国第一支西洋管弦乐队了吧！

谐奇趣前边，楼亭环抱之中是海棠式喷泉池，楼后亦有一处小型菊花式喷泉池。由于谐奇趣的园林主题是西洋水法即人工喷泉，所以当时被俗称为西洋水法殿、水法房或水法处，亦称西洋楼。

主楼前是一个巨大的海棠式喷水池，池中的一尾石鱼，鱼尾翻卷，瞪视着天空，大张的鱼嘴中喷出的水柱直冲云天。池的四周有铜羊、铜雁等，喷射出一束束光彩夺目的水柱。乾隆看后大为赞赏，遂以天谐奇趣之意，取名谐奇趣。这说明谐奇趣前的喷泉引起乾隆极大兴趣，而受到他的喜爱。想当年，两翼八角楼亭里传出了西洋管弦乐曲，乾隆和后妃们在这座欧式宫殿里，一边品尝着美味佳肴，观赏着喷水池中铜羊和铜雁喷出的道道亮闪闪的水柱，一边听着别具特色的乐曲，宛如身在异国他乡。

谐奇趣北面院落中有一个较小的菊花式的喷水池，池中有一个三层喷水台。喷出的水柱成曲线落入池中。最上层是一个喷水管，喷出的水柱有三四米高，使宁静的小院充满了生气。当年站在谐奇趣的露台上，可尽情欣赏楼前不同的喷泉之景。

△ 菊花式喷水池

　　谐奇趣北院的西面是蓄水楼，它是这一带喷泉的水源。与蓄水楼相对的是饲养雀鸟和名贵鸟类的养雀笼。养雀笼实为通向东部花园的一座西洋门，建成于乾隆二十四年（1759年）。南北侧室内笼养展陈雀鸟类等，因而得名养雀笼，亦俗称雀鸟笼。从西面看像是中国式五楼牌坊，从东面看

△养雀笼石件

则为欧式三间牌坊。养雀笼西门是一座中式五间牌坊门。牌坊南东墙上挂着郎世宁的油画《帆船航海图》。而东门建筑形式为之一变，呈现在眼前的是一座造型优美的半环形的西洋牌坊，安装着两扇雕花精美的黄铜门，门的顶部戴着一顶西式王冠。门的左右石券假窗里各镶嵌着一座三层的喷水塔。一座建筑物的东、西两门风格迥异，在中国建筑史上实属罕见，门上的全部雕刻非常精美，让人印象深刻。

　　圆明园罹劫后又经百年风雨，谐奇趣等均沦为一片废墟，楼前喷泉池的西洋翻尾石鱼，今存北京大学未名湖畔，楼北的菊花式喷水池，曾流散于北京城里翠花胡同，1987年已在原址复位。谐奇趣等处遗址于1992年全面清运渣土，廓清基址，并归位部分石件。

△翻尾石鱼

△《圆明园西洋楼铜版画》——谐奇趣南面

△《圆明园西洋楼铜版画》——谐奇趣北面

△《圆明园西洋楼铜版画》——养雀笼西面

△《圆明园西洋楼铜版画》——养雀笼东面

5.6 泽兰堂——书堂之一，月台上观赏喷泉

泽兰堂又称爱山楼，位于长春园中轴线北山阳坡，山的北面即为远瀛观与大水法。

狮子林向西行，从小山上行走，越过幽深小径，到小峡谷泽兰堂的山上，这里点缀苍松翠柏，再加上细瀑飞泉，给人以身临其境的真山小溪之感，享受着大自然的美景。

乾隆二十四年（1759年）正月首见御制诗，似为新添建。泽兰堂为高台大殿五间，前后皆有游廊和月台。外檐悬挂"泽兰堂"3字匾。内额神观萧爽，在乾隆二十六年（1761年）由苏州织造成做的壁子匾。此堂是长春园的主要书堂之一。堂内收贮乾隆《钦定重刻淳化阁帖》和《圆明园西洋楼铜版画》各一套。清帝在殿内或后廊即可据高观览西洋喷泉，亦可沿级而下出巴洛克式门进入西洋楼。乾隆六十年（1795年）正月皇帝御制"题泽兰堂"诗句云："书堂号泽兰，朴斫谢青丹。芸帙堪永日，藤窗避薄寒。芜情报韶意，水法列奇观。洋使贺正至，远瀛合俾看。"正是说的荷兰来使观看远瀛观水法一事。

△泽兰堂遗址

　　今天这里的山洞峡谷虽不可见，但土山南面还保留着大量的青石。泽兰堂西面是一条青石砌成的险峻的石谷溪涧。这是古典园林叠石最佳之地。其翠交轩于乾隆十一年（1746 年）九月即挂上内额"履信思顺"，是长春园悬挂的首幅匾额。乾隆十二年（1747 年）八月一次挂起的皇帝御书匾额有"爱山楼""浮玉"等。这里最北端的泽兰堂、理性居这两组建筑，似为乾隆二十四年（1759 年）与西洋楼大水法一同添建而成。乾隆五十年（1785 年）翻修爱山楼殿宇、亭座、游廊。在道光十五年（1835 年）七月奏准拆去泽兰堂前的理性居和东西回廊，游廊改为巡杖栏杆，两外侧改砌包山墙。

　　泽兰堂的叠石之妙更是令人惊叹。这大量青石与土山巧妙结合，形成千姿百态的奇峰，有山岭山沟，有悬崖及深邃的曲洞，还有的剑石拔地而起，苍松翠柏，浓荫蔽日，给人以深山之感，山顶暗池中的水顺石而下，形成细泉飞瀑。山腰处有山洞，最大的一个洞——熙春洞上建有翠交轩，轩中可观景，洞中可纳凉。

△泽兰堂遗址石桥

5.7　含经堂——乾隆为归政后颐养天年而建

　　含经堂位于长春园中，是最大的建筑群，四围山水环抱。含经堂有重檐琉璃大殿七间，堂楣悬挂乾隆御笔"含经堂"古铜镏金龙铜字匾。

　　含经堂在乾隆十二年（1747 年）基本建成，本年九月挂起的乾隆御笔匾额有"含经堂""清可轩"等。同年初冬，首见含经堂御制诗。乾隆三十五年（1770 年）修改含经堂重檐大殿，并在堂后西北部增建及移建淳化轩、蕴真斋、三友轩等，使之成为寝宫型建筑群，以备乾隆日后归政娱老。乾隆先后题咏含经堂 41 次，为圆明、长春诸景之冠。

　　宫门前月台上，安设镀金铜狮一对。乾隆三十四年（1769 年）奉旨照故宫静怡轩垂花门前铜狮的做法样款加倍放大铸造，刻"大清乾隆年制"款，于次年八月配石座安上，并撤出原安之铜龙。宫门外阶下为广场，围以宫墙，正南和东西两侧各建一座四柱琉璃牌楼。此次添改淳化轩殿宇工程，含经堂重檐大殿工程。含经堂达全盛规模，又总称淳化轩。淳化轩此次大兴土木，名为藏帖，实则是乾隆特意在御园为他日后归政修了处大型娱老寝宫，与稍后在大内建成的宁寿宫花园相呼应。

　　嘉庆十九年（1814 年），在淳化轩东侧又添盖戏台，改建看戏殿，并在东侧长街之外建成多处库房。含经堂有一株老干盆梅，是乾隆首次南巡时，由浙江嘉兴烟雨楼前带回来的。后令画师摹绘盆梅图，并配乾隆二十四年（1759 年）皇帝御制诗"含经堂古干梅歌"，镌刻于堂壁。

含经堂遗址

△ 含经堂遗址叠石

乾隆酷爱书画，他一生收集的稀世珍品，加上从祖辈继承下来的，恐怕是无与伦比的。这些珍品部分收藏于故宫，也有不少藏于圆明园。乾隆数十年如一日地收集历代书法名帖。淳化轩是专为收藏著名法帖《钦定重刻淳化阁帖》摹版而建的。经过三年努力，到乾隆三十七年（1772 年）四月刻成，镶嵌在淳化轩的回廊里，淳化轩成了名家书帖之库，也是乾隆养老、放松、娱乐的好地方。

乾隆每有灯节后率先莅此，并多次在这里接见民族首领，宴赏外国来使。

含经堂宫门阶前松树下原墁红色沙石甬路，乾隆四十二年（1777 年）改为冰纹青砂石，再往前次年铺设四块草坪。这里正是清帝设武帐宴赏外使之地。乾隆四十五年（1780 年）十月奉旨在含经堂搭盖蒙古包五座。乾隆十八年（1753 年）四月十六日、乾隆二十五年（1760 年）三月二十四日，乾隆在长春园先后宴赏葡萄牙来使和新疆回部郡王、贝勒等 46 人。

1860 年圆明园罹劫后，含经堂景群仍设坐更看守，慈禧太后等亦多次游至此地。原乾隆御书"绘月""搴芝"两座太湖盆景石，今存中山公园里。原乾隆《钦定重刻淳化阁帖》石帖版在 1994 年整修园内时，从西侧河池中挖出四五幅残件，今陈列于圆明园展览馆。

含经堂遗址的灰土基础，是圆明三园百处景群中保存较为完整的一处。2001 年由市文物研究所全面考古发掘，后又进行遗址保护。

5.8　狮子林——仿苏州狮子林而建

狮子林地处长春园的东北角，与北边西洋楼方河只是一墙之隔（当年西洋楼景区的南边有一道墙），是乾隆仿苏州狮子林修建的。

狮子林东南角有一朝东的水关，水关南岸置石刻乾隆御笔"狮子林"3 字匾。在石匾背面及水关拱石内外侧，共有乾隆三十七年至嘉庆元年（1772—1796 年）乾隆御制"狮子林"诗刻石。

乾隆南巡时，苏州狮子林故址虽在，但历时四百余年，园主几易其人，已是黄氏涉园。苏州狮子林是元代僧人维则为纪念他的老师中峰和尚（即普应国师）而修建的，名为"菩提正宗寺"，园林是寺的一部分。据传说，宋朝时，宋仁宗聘请中峰和尚为国师，国师的坐骑是一只狮子，原是天目山的一块奇怪岩石，因常听国师说法，通灵成精，变成神狮，成了佛国之兽，国师常骑着它到各名山游历传教。有一天，国师骑着神狮来到苏州的普提寺会见徒弟天如法师（维则），普提寺中有许多状如狮子的怪石，神狮见了，以为自己回到了佛国的狮子群中，高兴得就地打滚显了原型，变成了狮子峰，成为园中最高的峰。身上散落下来的毛，变成了几百个千姿百态的大小石狮子，并围着神狮，向它顶礼膜拜。从此寺名改为狮子林。

△狮子林石件

△狮子林遗址

狮子林还有许多小巧精致的建筑，用游廊把它们连结起来，在此游园趣味无穷。狮子林又因画家倪云林画了《狮子林图》而名闻天下。

乾隆二十二年（1757 年），乾隆第二次南巡到狮子林游赏，并将内府收藏的《狮子林图》对照核证，可见其观赏之认真细致。第三、四次南巡，他都去了狮子林，并在长春园、避暑山庄、盘山静寄山庄三地先后仿建了狮子林，可见乾隆对狮子林是多么喜爱。

圆明园中的狮子林是乾隆第三次南巡后开始兴建的，他以苏州狮子林为蓝本，参照了倪云林的《狮子林图》，并吸取了倪云林故乡——无锡山庄的风景。

狮子林虽然是模仿苏州私家园林狮子林建的，但是皇家御园中的狮子林都超过了它。狮子林是规模较大的园中园，有狮子林、虹桥、清闷阁、纳景堂、藤架、蹬道、延景楼等20景。它背依青山，南面是一个开阔的湖，整个狮子林可分为东、西两部分。

△虹桥

圆明园罹劫后，狮子林已片瓦无存，湖石和石刻多已散失。道光御笔"烟岚"诗刻石，今存圆明园展览馆。1994年局部清理狮子林河道时，东南隅水关及虹桥、水门等三座单孔石拱均经挖掘修复，乾隆御笔"狮子林""虹桥"石匾及诗刻石各10幅亦随之得以复位保护。经与乾隆御制诗文集对照，三座拱石上的各首诗刻正是乾隆10次题咏"狮子林十六景"的分景诗。唯辛丑（乾隆四十六年）、癸丑（乾隆五十八年）各诗的干支计年与诗集不相符，而镌刻为"丁酉新正中浣御题"和"壬子新正御题"，疑为后来补书刊刻时之笔误。

狮子林西部以建筑为主，南面湖中有一个小岛，岛的两边是稍后退缩的两个半岛，在湖中形成一个倒着的"山"字，至今我们仍可看到"山"字形的地基。由于狮子林地面建筑早已被英法联军罪恶的大火所吞没，如今我们已无法看到当年狮子林的盛况。

△乾隆御笔石刻

5.9　澹怀堂——长春园正殿

澹怀堂在长春园南向正宫门内，为该园正殿，是长春园宫门，南起宫门前大影壁，北至临河众乐亭。

长春园宫门于乾隆十二年（1747 年）建成，同年九月十六日于宫门门楣悬挂乾隆御笔"长春园"额。澹怀堂、众乐亭等亦同期挂匾。乾隆三十四年（1769年）修缮澹怀堂大殿及配殿等。乾隆五十六年（1791 年）翻修澹怀堂殿等。长春园始建时间不晚于乾隆十年（1745 年），初称东园。乾隆十二年（1747 年）八月初十至九月十六日，园内又集中悬匾 54 面，中西路诸景基本建成。长春园自告竣后，原委派的官员暂为照管，园隶、园户在圆明园内拨派。乾隆十六年（1751年）闰五月长春园添设六品总领和七品、八品副总领各一员等。

长春园宫门五间，专供皇帝出入。门楣挂乾隆十二年（1747 年）六月皇帝御书的"长春园"黑漆铜字一块玉匾。此门盛时列序于圆明园大宫门之后，俗称二宫门。宫门门殿前有月台，月台上安设铜麒麟一对。正南为大影壁。宫门骑本园南墙而建，门前朝房外侧、影壁前边，圈建"挡众木"，亦称鹿角木。鹿角木外侧，设有供圆明园护军宿卫、稽察出入的诸彻房。再向外还有环园护墙河，大影壁正南并列三座跨水桥，居中者为石桥。

△长春园宫门

　　长春园正宫门仅建一道门殿，第二道为牌楼门。宫门门殿东、西两侧设左门、右门，牌楼门两侧亦设有角门，大臣奉旨入园从左门出入，太监、匠役从右门出入。澹怀堂是长春园正殿，亦称勤政殿。外檐悬匾"澹怀堂"，内檐额为"乐在人和"，皆乾隆御笔。

　　澹怀堂殿内正中设高台大宝座，东西内次间分置亮轿和暖轿。乾隆五十八年（1793年），英王乔治三世赠给乾隆皇帝天体运行仪等十余件寿礼，其中长春园澹怀堂内展陈天球仪、地球仪各一件。

　　从雍正到咸丰，5位圆明园的主人一共有13位皇后，母仪天下的她们大多在圆明园留下人生中最美丽的倩影，有一位皇后在圆明园中走过了最后的岁月，她就是道光的孝全成皇后钮钴禄氏。这位死于圆明园的皇后，关于她的死，恰恰在野史中被传得面目全非。

△澹怀堂遗址

孝全成皇后钮钴禄氏是道光的第三位皇后，也是咸丰的生母。钮钴禄氏比道光小 26 岁，初入宫时记载被封为嫔，不到 3 年就已被晋封为仅次于皇后的贵妃，此时她才 18 岁。年龄虽小晋升速度却极快，在整个清朝也较为少见，无疑给人们留下了宠妃的印象。由于钮钴禄氏的生父曾在苏州任职，在野史传说中钮钴禄氏在苏州长大，既有八旗贵女的端庄大方，又有江南女子的纤巧秀慧，有着多方面的才华，清宫中的苏造糕、苏造酱等都是因她亲自仿制苏州糕点而得名。孝全成皇后幼时随宦至苏州时，曾仿世俗七巧板者，排成"六合同春" 4 字，以为宫中新年玩具。所以《清宫词》有："蕙质兰心并世无，垂髫曾记住姑苏，谱成'六合同春'字，绝胜璇玑织锦图。"虽然野史没有凭据，不足深信，但是钮钴禄氏的性情以及留给民间的形象，可见一斑。这样一位颇受皇帝宠爱、出身性情又较为独特的皇后，留给后人的传说与秘闻自然是不会少，但关于她一生的传说中，最神秘、流传最广的便是有关她的死亡。众说纷纭，成了一段颇能引人感兴趣的清宫秘史。

道光十三年（1833 年）四月、二十年（1840 年）正月，孝慎皇后和孝全皇后先后病逝于圆明园天地一家春和湛静斋后，梓宫（棺材）皆移来澹怀堂祭奠十数日，尔后再移往观德殿。

长春园宫门前的铜麒麟，在乾隆二十八年（1763 年）大宫门改安铜狮，铜麒麟移至此处。1860 年圆明园罹劫后，铜麒麟幸存一只，1937 年 6 月移至颐和园，今存仁寿殿前。1988 年长春园宫门辟为出入门。1993 年全面整修西北十三孔长桥，1999 年 12 月已全部拆迁。现在已经整理出来地基及排水系统。

2008 年 11 月 28 日，长春园宫门复建竣工。2016 年 10 月 18 日起首次开门迎客，长春园宫门正式开放。游客均可以直接从长春园宫门入园参观澹怀堂、含经堂等重要遗址景区。

5.10 海岳开襟——楼阁中最为豪华

海岳开襟位于思永斋正北湖心，居圆形石砌基之上，四周环水，东西南北各设码头。海岳开襟岛的东、西两侧河外，建有多处点景亭斋。

△海岳开襟遗址

海岳开襟（悬"青瑶屿"匾）及东西对岸的萝溪烟月亭、流香渚亭等，均于乾隆十二年（1747 年）九月基本建成并挂匾。乾隆四十三年（1778 年）、五十六年（1791 年）曾两次遵旨全面修缮海岳开襟。

海岳开襟的南向楼宇三层。乾隆时期，下层外檐挂匾"青瑶屿"，为乾隆十二年（1747 年）二月皇帝御书满、汉两种文字龙边铜字斗子匾，中层匾为"得沧洲趣"，乾隆十六年（1751 年）该匾下边增挂皇帝御书"爽气""薰风"对联一副，上层额有"乘六龙"。海岳开襟匾原挂下层楼内，该匾后已改悬于楼南外檐，并增挂"高明精粹"内额，原其余三匾似已不悬。

"远望如海市蜃楼，近睹如登仙境。"此诗描绘的是长春园中又一个神仙境界的海岳开襟。而海岳开襟和蓬岛瑶台、方壶胜景都是古代传说中的仙境，诗中道出了是以湖中心一个孤岛象征瀛海仙山，而且像海市蜃楼的幻境。此景为何叫"海岳开襟"？据说，乾隆十六年（1751 年）早秋的一天，乾隆到长春园游玩，坐龙舟登上湖中小岛，这里景色很好。乾隆兴致勃勃，边走边玩，不一会儿身上有点热了，走到小岛中央时，正好一阵风吹开了他的衣襟，顿觉凉爽。乾隆乘兴便吟了首《海岳开襟歌》，自此这岛就叫海岳开襟。

长春园西部湖中，白石砌成的双层圆形的石台之上，有三层重檐楼阁海岳开襟横空而起。在它周围配以仁者寿与智者乐等殿宇和太湖石假山。楼阁殿宇铺盖黄色琉璃瓦，梁柱施彩绘。圆明三园的楼阁建筑以这里最为精妙，海岳开襟位于湖心，是个赏景的好地方。当年，登上海岳开襟的三层楼阁四望，四周青山翠绿，北望可见山中林木掩映下，法慧寺和七层琉璃宝塔蔚为壮观。加之周围碧绿湖水的衬托，金碧辉煌，山水建筑融为一体，构成一幅瀛海仙岛秀丽的图画。窥那云烟蒙蒙中的海岳开襟恍若仙界。

1860 年英法联军焚毁圆明园时，海岳开襟由于在湖心，侵略者又先烧了渡船，侥幸未毁。光绪年间此处油饰一新，并在湖西岸的流香渚到海岳开襟西码头建了一座木桥。光绪二十二年（1896 年）二月至九月，慈禧太后、光绪皇帝还曾三次游至此岛。1900 年八国联军入侵北京，华丽精美的楼阁殿宇全部被拆毁。

乾隆御书半月台诗刻碑，北京大学鸣鹤园今存断残碑体。海岳开襟圆岛遗址，已于 1993 年清运渣土，归安补配环岛条石驳岸。岛上今为世界原始图腾展示园，岛外为大片荷池。翠幄亭东侧之三孔石墩桥，20 世纪 90 年代后期已复建为三孔石桥。

5.11 思永斋——长春园 5 处仿建江南园林中最为别致

思永斋位于含经堂西侧偏南环岛上。这里所有的建筑都位于一条南北中轴线上，南部是方形建筑，北部则是圆形建筑。正南临水处是五开间的宫门，宫门前的平台是从水路入园的码头。

思永斋在乾隆十二年（1747 年）基本建成，同年正月挂起乾隆御书"山色湖光共一楼"匾，在秋天挂匾的还有"思永斋""横秀亭""结春芳"和"怀古欢"。乾隆二十三年（1758 年）仿杭州西湖汪氏园，在思永斋东侧别院建成小有天园。进入宫门，穿过玉兰盛放的院落，就是主体建筑。思永斋是一座"工"字形的大殿，分为前、后殿，前殿七间，后殿五间，中间是三间穿堂。穿堂东西侧对称地建有槐荫轩和朗润轩，这里也是皇帝的寝宫。

思永斋分三次修建，最早是乾隆十二年（1747 年），主体建筑基本建成。乾隆二十三年（1758 年），乾隆第二次下江南回京后，仿杭州西湖南岸汪氏宅院在思永斋东院修建小有天园，在小有天园内"叠石成峰，激水作瀑，泠泠玎玎"，是长春园 5 处仿建江南园林中最小、最别致的一座。小有天园以叠石、喷泉为主，小巧玲珑。喷泉用锡管，并裹布沥青。这座小有天园从旧址山石遗存现状看，似应在思永斋殿东边曲廊东南之小院内。小有天园是一座精致的花园，到乾隆二十七年（1762 年），又将思永斋进行了改造添建，思永斋达到鼎盛时期。

思永斋被湖水环抱，形成水环山间的仙境。而从乾隆二十七年（1762 年），在思永斋前殿西次间，仙楼下方窗上特殊玻璃窗的装饰上，其安装玻璃与该水法殿内西山墙的冰裂纹方窗上。在乾隆三十五年（1770 年）殿内月影溪声仙楼下隔扇坎窗 30 扇，皆安玻璃。乾隆五十一年（1786 年）在思永斋后罩棚内仙楼上下换安亮玻璃券窗 56 扇、挂镜 22 扇、方窗 1 扇，这是园内极为重要的空间形态。

思永斋正南宫门为五开间，檐下悬乾隆御笔"静便趣"。宫门面水而建，前有平台及石砌台阶深入水中，可供游船停靠，皇帝可直接从码头上岸进入。宫门后为一方形小院，院内种植了大量玉兰花。思永斋内设有宝座及皇帝休息的床，是长春园内皇帝寝宫。思永斋内还收藏有《钦定重刻淳化阁帖》和《圆明园西洋楼铜版画》各一套。

思永斋后为一圆形鱼池，池中有泉眼，在冬天也不会全部冻封。池四周修有游廊，名为迎步廊。阁楼居高临下，是消暑纳凉的好地方，乾隆、嘉庆、道光、咸丰几位皇帝都很喜欢这里。

思永斋于 1860 年被焚毁。遗址今仍存多处古建基址和叠石，山水轮廓尚在。

△思永斋遗址

5.12 茜园——仿扬州锦春园而建

　　茜园位于思永斋前河南岸，是清帝经常游憩的园中园。茜园于乾隆十七年（1752 年）基本建成，乾隆二十一年（1756 年），乾隆共居住圆明园 157 天。嘉庆十三年（1808 年）前后，茜园东南部有较大改建，新建成碧静堂。

　　茜园宫门分为三路，其中西宫门是垂花门，为陆路，门楣悬挂乾隆御书"茜园"黑漆金字一块玉匾。北宫门为水路，门殿七间，额为清晖娱人，门外阶下临水设码头，南宫门称为茜园门，是长春园进入绮春园的通道。

　　"青莲朵"立于西宫门即垂花门内，而青莲朵名的太湖石，立于西宫门即垂花门内。该太湖石原是杭州南宋德寿宫故址的芙蓉石。德寿宫原有一株古苔梅，旁置此石，明末由蓝瑛、孙杕合绘梅石图刻于碑，世称蓝瑛梅石碑。后来古梅枯死，唯碑石为伴。乾隆首次南巡至此，很是惜这块太湖巨石，抚摩良久，于是地方大吏就将这块太湖巨石舟运来京献给皇帝，被置于此处，赐名"青莲朵"。太湖石是四大文人石之一，因产于太湖而得名，来自太湖的苏州洞庭西山、宜兴

△ 冉闵遗址

一带的石灰岩，以鼋山和禹期山最为著名，以造型取胜。太湖石的"瘦、皱、漏、透"，灵秀飘逸，令人赏心悦目。太湖石又名窟窿石、假山石，是由石灰岩遭到长时间侵蚀后慢慢形成的，分为水石和干石两种。太湖石又有 3 种色彩，分别为白太湖石、青黑太湖石、青灰色太湖石。采石工人携带

△ "青莲朵"太湖石

工具潜水取石，用大绳捆绑，吊上大船运往工地造园。

乾隆三十年（1765 年）第四次南巡后，乾隆因念原梅石碑风化严重，下令摹刻了一通新碑驿致杭州，与旧碑相伴而竖。乾隆三十二年（1767 年）又重摹梅石碑，置于茜园门内，并修建碑亭。青莲朵上刻有乾隆十七年（1752 年）乾隆御笔行书青莲朵七绝五首，及乾隆三十一年（1766 年）乾隆行书"青莲朵"三字。梅石碑上刻有乾隆三十年（1765 年）乾隆行书七绝《摹德寿宫梅石碑》诗及行书五言古诗《重摹梅石碑置青莲朵侧》。

青莲朵是自然形成的，玲珑剔透，可谓千姿百态，是点缀环境的最佳选择，有很高的观赏价值，是文人追求更高层次的精神境界，令人赏心悦目，神思悠悠。

圆明园罹劫后，青莲朵太湖石先在中山公园里，今在中国园林博物馆内，而梅石碑仅幸存碑身，今在北京大学未名湖西南岸，后由校方另配了碑座、碑冠。

茜园遗址，原为一处居民村落计 30 户，2000 年已全部拆迁。北侧河池 1994 年已清挖恢复。

第6章
绮春园景区

　　绮春园实际是由若干小园合并而成，比圆明、长春两园更自由灵活，更具有山村野居的自然情调。全园共有十几个大小不同的水面，彼此相通，通过这些河渠湖泊把园中各自独立的小园连成一个整体。湖中以土堆岛，岛上建亭台楼阁，河湖、岛屿、建筑组合成多姿多彩的景色。

《圆明园山水楼阁图册》

　　长春园南面有一座比其稍小的园林，原为大学士傅恒的赐园春和园，乾隆三十五年（1770 年）归入御园，定名绮春园，后又并入几个小园。

　　嘉庆年间，圆明三园的修建照常进行。福海东岸增建了观澜堂，对舍卫城、同乐园、安澜园、北远山村、接秀山房等进行修缮或改建，但重点是扩建绮春园，将成亲王的寓园西爽村等并入绮春园。嘉庆十四年（1809 年）添建了绮春园大宫门、勤政殿、烟雨楼、涵秋馆等，使绮春园的面积比乾隆时扩大了一倍，达1000 亩。绮春园主要园林风景区近 30 处，嘉庆经常在这里活动，成为清代皇帝园居的主要园林。

　　道光二十年（1840 年）后，开始遭受外国资本主义的侵略，国势日衰，财力不足。但道光宁愿撤了万寿山、玉泉山、香山的陈设，取消夏天去承德避暑山庄避暑、秋天到木兰（在今河北北部塞罕坝地区）狩猎的活动，而对圆明园的修建仍不遗余力。由于畅春园多年失修，皇太后、太妃们移居绮春园。随后又将绮春园进一步改建，把勤政殿改名迎晖殿，成为正殿，改敷春堂一带为她们的住所。道光十年（1830 年），圆明园的九州清晏遭遇火灾被毁，又重修。据记载，道光年间，圆明三园每年仅修缮费一项达白银 10 万两，这还不包括新建、重建的费用。

△绮春园匾

　　1850 年咸丰即位，1851 年爆发了太平天国运动。太平天国的北伐军一度逼近天津，清统治者受到沉重打击，但修园工作始终未停，就在圆明园被英法联军焚毁的前一年还建成了清晖堂，九州清晏殿旁修起了游廊。

🌀 6.1 迎晖殿——绮春园宫门区

迎晖门位于绮春园南向正宫门内，即绮春园宫门区，南起宫门前影壁，北至中和堂后边的寿山。

绮春园早期原是怡亲王允祥的御赐花园，园名交辉，始建不会晚于雍正初年。于乾隆朝前叶改赐给大学士傅恒，易名春和园。乾隆三十四年（1769 年）十月将傅恒及其次子福隆安赐园合并归入圆明园，定名绮春园，次年三月初九挂起绮春园匾。就在乾隆三十五年（1770 年）挂匾前后，即修改绮春园北门外两边过水涵洞，并添建绮春园宫门等周围虎皮石大墙，园内龙王庙添建桥涵，开挖河道，园内还添盖公主住房等。绮春园归入圆明园之初，因殿座很多，地面辽阔，就拨派人员专门管理。乾隆三十九年（1774 年）三月经内务府奏准，正式设置七品苑副一员。

△ 迎晖门

绮春园具体所在宫门，则是嘉庆十四年（1809 年）添建成的，俗称新宫门。嘉庆御制《绮春园记》谓在"正觉寺东建立园门，殿额勤政"，就是此门。绮春园宫门设内、外两道卷棚歇山顶门殿，分称大宫门和二宫门，皆专供皇帝（皇太后）出入。大宫门分设左门、右门，二宫门两侧亦设角门，大臣奉旨入园由左门出入，太监、员役由右门出入。大宫门骑本园南墙而建，东西朝房外侧至正南影壁有挡众木，亦称鹿角木。大影壁的外侧为环园护墙河，东西建有护军警宿之用的旗房、侍卫房。

绮春园宫门外，东侧在南墙与护墙河之间，建有皇太后外膳房、奶茶房院等。在影壁直南成府路西原兴隆寺一带，还有恩皇贵妃、如皇贵太妃膳房。迎晖殿在二宫门内正殿五间四围廊，外檐挂"迎晖殿"匾，殿前设月台。嘉庆十四年（1809 年）建成宫门，门内有勤政殿。此迎晖殿当为道光初年由原勤政殿易额，殿为本园正殿，皇太后万寿节接受群臣朝贺即在此殿。届时设中和韶乐于殿外檐下，丹陛大乐则设于大宫门内。道光二十九年（1849 年），孝和皇太后病逝于故宫，咸丰五年（1855 年），康慈皇贵太妃病逝大内，后均将梓宫（棺材）移奉于迎晖殿暂安祭奠，尔后发丧至陵寝。

乾隆六十年至嘉庆元年（1795—1796 年）五月间，绮春园包括明善堂、含晖园、百花镇一带。后经嘉庆前 20 年的不断改建增建，绮春园始达全盛规模。从道光元年（1821 年）起，绮春园东路改建成皇太后园居之所。

1860 年圆明三园毁于英法联军之火时，绮春园曾幸存少量建筑。同治年间试图局部重修圆明园时，绮春园改称万春园。1900 年八国联军入侵北京，园内残存建筑皆毁于战乱之中，唯有此处宫门、朝房及西侧正觉寺成为三园仅存者。1927年，香山慈幼院拟在成府东侧修建香山中学，以低价购得新宫门幸存建筑。后来中学未建，宫门却已夷为平地。1986 年整修绮春园山形水系，并在原址修复本园大宫门、二宫门及宫墙、角门。新建大宫门今为圆明园遗址公园大门。门前影壁原址，位于今清华西路马路北侧。迎晖殿等遗址建筑台基仍在，今为一小型花园。

6.2 正觉寺——喇嘛庙

绮春园宫门西边是一座建筑群，就是正觉寺。它是一座喇嘛庙，建于乾隆年间。它与绮春园既有后门相通，又独成格局，单设有南门。

正觉寺和其他寺庙一样，红色的围墙将这个独院的寺庙围护起来，只有南、北二门，位于南边镶嵌在红墙中的白石门就是它的正门。前面是红墙白石的山门，由南往北有三进院落。南院正中是天王殿，庭院中有钟鼓楼。钟楼上青铜造的钟，周身布有梵文，铸工精细，是一件有价值的文物。其后的中心庭院高台上是主要建筑三圣殿。北院的中心是文殊阁。此阁是八角的亭式建筑，里面供奉着木制包金的文殊菩萨骑狮像。像高两丈余，左、右有两个站童。两座站像均高8尺，站在汉白玉石台上。文殊菩萨像及狮和二童造型都很生动，阁中的藻井饰有藏文。文殊阁后是后楼，两边有配殿，周围还有喇嘛的住所。

乾隆在圆明园里修建的喇嘛庙，是出于民族团结的考虑，喇嘛庙建成后，他还特意从香山宝谛寺拨派首领喇嘛带领一众小喇嘛，规定他们每个月在含经堂的梵香楼里念经5次。

整个建筑群是三进院落，院落内参天的古柏绿荫森森，院子虽然被围墙包围，但也身处绮春园的山环水抱内，犹如一个世外高僧徜徉在云水间，散发着禅宗的超脱和出尘忘世的独特魅力。

△ 正觉寺

△正覚寺雪景

历史上的正觉寺，南临河，东、西、北三面环山，西北山上有一道墙，北山后有一水池，池中有南北向石桥。在 1860 年、1900 年两次罹劫时，也许正是因为如此特殊的地理位置而使其幸免于难。1912 年，正觉寺被曾任北洋政府代国务总理的颜惠庆购作私人别墅，拆去佛像，改造装修，资遣喇嘛。后又转售清华大学为教职员工宿舍。1933 年时，三圣殿已不存。至 20 世纪 60 年代，寺内多数建筑、古柏尚好。从 70 年代起，在正觉寺建立海淀机械制造厂（北京长城锅炉厂）等 3 个区属企业，寺内仅残存山门、文殊亭和四座配殿及 26 株古树。直到 2001 年，占用正觉寺的所有单位全部拆迁腾出。

2002 年，正觉寺的保护、修缮、复建工作启动，这是到目前为止北京文物主管部门批复的整体复建的唯一古建筑群。2003 年 10 月，一期修缮工程完毕后，北京市文物局将正觉寺复建工程方案上报国家文物局，2004 年 9 月，修改后的复建方案通过了国家文物局的审批。2005 年 2 月，因正觉寺山门前地铁工程施工的影响，复建工程暂停。2009 年 12 月 16 日，正觉寺复建保护工程正式开工。至 2011 年 7 月，修复完工试开放。

△文殊亭雪景

△ 鉴碧亭秋景

6.3 鉴碧亭——碧湖之中观景佳处

鉴碧亭位于绮春园宫门内西侧湖中，西邻正觉寺。鉴碧亭居于巨池中的方形小岛上，重檐方亭四面各显三间四围有廊，外檐悬"鉴碧亭"匾。

鉴碧亭与天心水面实为是相对独立的，但也是一个整体的景观。在同一水域中，其造园艺术发展到清代，不论是皇家或私家园林，建筑都占有很大的比重，就是在早期秦汉时代的灵囿，其造景中建筑也居于重要的地位。

鉴碧亭与天心水面的建筑，是运用建筑景观巧妙地融合于大与小、多与少、虚与实以及空间的有限与无限等的整体建筑展示出来，把多种多样的对立因素相互协调，有机地统一起来。鉴碧亭创造出具有自然山水情景与意趣的环境，而且以建筑作为景观的主体，有着深刻的哲学思想根源，其建筑即使是水中的一座空亭，也要成为精神凝聚的交点。

鉴碧亭东北溪桥至今仍残存单孔石拱，又北原为木盖板桥，1990年建成仿古单孔石桥，唯体量稍大。

天心水面居鉴碧亭以北之小岛外端，为南北向屋宇五间前后有廊，并前后各接抱厦三间。其天心水面殿北俯河池，在外檐悬"天心水面"匾，南临方沼，外檐额有玩鹤亭，其创造出具有自然山水的情景和意趣的环境，意境要求则全然不同，创造出一个小中见大、空明静闲的环境。每当清晨薄雾初起，整个建筑在烟雾中时隐时现，达到景象空灵之美。

△残桥与鉴碧亭

△ 敷春堂内院

1986 年整修绮春园山形水系时，整理天心水面遗址临水台基和鉴碧亭山石驳岸，1993 年在原基址上修复鉴碧亭。

6.4　敷春堂——道咸时期皇太后寝宫区

敷春堂在道咸时期是皇太后的寝宫区，为绮春园宫门内的重要建筑。中路前部为寝殿，后部为园林景观。前设内宫门，西路亦为宫门园林。东宫门外则为诸太妃太嫔寝所。敷春堂在乾隆中叶当属绮春园范围，但景观的兴建仅能追溯至嘉庆初年。

嘉庆六年（1801 年）四月，嘉庆在紫禁城为乾隆服丧期满，在本月初四又来到御园园居。敷春堂在集禧堂后，是前后五间工字大殿。此堂原为嘉庆游憩寝宫之一。嘉庆八年（1803 年），除九州清晏帝后寝宫外，冬月准许添设取暖分例炭者，在圆明园为 8 处殿宇，长春园 2 处，绮春园仅敷春堂 1 处。敷春堂前后殿皆为面阔五间，中连三间穿堂殿。前殿为歇山式，外檐悬"敷春堂"匾，道咸时期亦称永春室。

敷春堂寝宫，道光三年（1823 年）正月十二日至道光二十九年（1849 年）十二月初七，前后 27 年间，孝和皇太后（即嘉庆孝和皇后）每年绝大部分时间均在此地园居。咸丰二年（1852 年）四月初六至十月十四日期间，康慈皇贵太妃（即道光静贵妃）在此堂园居一年。

咸丰五年（1855 年）皇帝园居时，婉嫔、懿嫔、丽嫔和 5 个贵人、2 个常在均于此处各有居所。正殿天地一家春的西次间就是懿嫔亦后来的慈禧居住之所。慈禧就是在这里开始得到咸丰宠幸的。慈禧当年做懿嫔时，因住天地一家春，所以人称慈禧为圆明园五春之宠中的天地一家春之宠。

同治重修圆明园，身为垂帘听政的慈禧太后，一心想恢复在以前居住天地一家春时的享乐欲望。事与愿违，虽然慈禧亲手绘画装修图样，但因连年割地赔款，国库空虚，天地一家春也只是做了地基，毁坏了原有的园林布局，改乱了原有的总体寓意。

1860年圆明园罹劫时，敷春堂中、西、东三路殿宇房间仅残存18间值房、茶膳房和药房。同治十二年（1873年）试图局部重修圆明园时为修复重点，拟将敷春堂作为慈禧太后的寝宫，更名为天地一家春。至次年七月因财力枯竭被迫停工，天地一家春四卷殿等则仅做齐殿基。光绪二十二年（1896年）九月，慈禧太后还曾两次游至新宫门和蔚藻堂，并在此堂"赏吃食"。1900年八国联军入侵北京，原存建筑皆毁于战乱。

敷春堂南半部遗址，包括原集禧堂、敷春堂及东西院落，1956年从原问月楼北面码头西侧水田中，出土一件明代玉雕太狮少狮，今藏首都博物馆，为三级文物。从20世纪50年代后期起一直是市、区专业绿化队（站）所在地，至2002年5月已全部迁出。北半部遗址原已辟为桃园，70年代末期以后是圆明园管理处所在地。今临湖边即为问月楼北月台原址。

昔日敷春堂西宫门外的那座跨溪石券桥，如今仍残留多半个单孔石拱，成为圆明三园近200座桥梁中唯一残存至今者。

6.5 凤麟洲——南园避暑最佳处

凤麟洲位于绮春园东湖之中，由一大一小两个岛屿组成。湖之南岸为敷春堂，西北岸和东岸为点景。在乾隆年间，绮春园已经并入圆明园，而凤麟洲岛上的建筑，在嘉庆十二年（1807年）改建而成。清仁宗颙琰作《绮春园记》称"凤麟洲"。

凤麟洲的东岛较小，是值房院，其主要建筑为西岛上的凤麟洲和绣漪轩。二岛由曲桥相连。绮春园东部湖区，乾隆中叶已属本园范围，只有凤麟洲岛上建筑为嘉庆十二年（1807年）改建而成。凤麟洲大岛有七开间的主殿凤麟洲，外檐悬"凤麟洲"匾，内额为祥征郊椒。与前门楼风策扬辉回廊连接，围合成一个四方形院落，满满地占据了大岛。小岛上的院落叫作颐养天和，花朵从门前垂下，里面是一简约整齐的小四合院。嘉庆选取典型的景物水波和水面进行描写，将绣漪轩视为与世隔绝的神仙境界，其目的是寄托自己的向往之情。而嘉庆题咏凤麟洲25 次，并誉之为南园避暑最佳处。

凤麟洲为道教传说中的十洲之一，十洲传说渊源于古代神话、巫术、纬书中的河图地理，经过道教的改造和吸收，成为道教仙境。十洲传说流传于六朝社会，至唐代为教内外普遍接受，并以"十洲三岛"说象征仙境。十洲传说发展至明末，即随着道教而固定化。嘉庆尽管不认同向海中仙山求长生药的做法，但他在吟诵凤麟洲的诗中，仍然将其自然美景描述为令人神往的人间仙境。凤麟洲原本是带有博物性质的海外仙山，后被道教吸收，成为道教中的仙境。

嘉庆声明他在凤麟洲不是为了求仙，而是期盼自身的道德、贤明能够感召凤凰、麒麟来游，体现天下大治。

嘉庆不仅选取典型景物颂扬凤麟洲之美景，同时还挂念庄稼的丰收，希望能够与民众一同庆祝丰登之岁。在乾嘉时代，人口激增，国家面临着空前的人口压力。在这种社会背景下，嘉庆自然万分关注这个庞大农业国的丰收与歉收了。

△凤麟洲

第7章
圆明园游览服务指南

　　圆明园继承了传统古典园林，汇集了民族智慧于园内，几乎囊括了中国古代建筑可能出现的布局和造型式样。如正大光明、九州清晏分别体现了中正治国和天下大一统的治世境界，而濂溪乐处、上下天光等景观中再现了前人的诗情画意。乾隆在长春园北部引入欧式园林建筑，是西方园林建筑首次大规模地引入中国园林。圆明园于1860年被焚烧以后，虽在同治、光绪年间略有修复，然而在1900年，再次遭到八国联军的洗劫，致使同治、光绪两朝少数修复的建筑也荡然无存，只留下不可磨灭的记忆……

《圆明园山水楼阁图册》

公园开放时间

1 月至 3 月 15 日、10 月 16 日至 12 月，售票时间：7:00—17:30，开、闭园时间：7:00—19:30

3 月 16 日至 4 月、9 月至 10 月 15 日，售票时间：7:00—18:00，开、闭园时间：7:00—20:00

5—8 月，售票时间：7:00—19:00，开、闭园时间：7:00—21:00

票务信息

售票处设在绮春园宫门（售票窗口 5 个，节假日期间售票窗口 8 个）、长春园东门（售票窗口 2 个）、二宫门（售票窗口 1 个）、藻园门（售票窗口 1 个）。

1. 大门门票

成人门票：10 元 / 人次

半价门票：5 元 / 人次

月票：每人 15 元 / 月 [每月 25—31 日，持本人 1 寸照片及月票底版（工本费 0.5 元）在绮春园宫门、东门售票处办理]

2. 西洋楼遗址景区（含大水法、展览馆、迷宫）

成人门票：15 元 / 人次

半价门票：5 元 / 人次

3. 圆明园盛时全景模型展

成人门票：10 元 / 人次

半价门票：5 元 / 人次

交通信息

公交线路

东 门：365 路、614 路、664 路、681 路、699 路、429 路、717 路、982 路、特 4 路、运通 105 路

二宫门：365 路、432 路、562 路、614 路、664 路、681 路、699 路、982 路

地铁线路

4号线圆明园站 B 口

停车场位置及收费标准

1. 机动车停车场
绮春园宫门停车位：110 个
长春园东门停车位：80 个

2. 自行车停车场设在绮春园宫门

△ 谐奇趣遗址西侧

3. 停车场收费标准

全天（00:00—24:00）

小型车：2.5 元 /15 分钟

大型车：2.5 元 /15 分钟

游览线路指南

东门经典线路：

东门→方河→线法山→大水法→远瀛观→观水法→海晏堂→方外观→迷宫→养雀笼→谐奇趣→方壶胜境→涵虚朗鉴→平湖秋月→廓然大公→澡身浴德→曲院风荷→同乐园→坐石临流→文源阁→水木明瑟→濂溪乐处→武林春色→杏花春馆→上下天光→慈云普护→碧桐书院→天然图画→镂月开云→九州清晏→茹古涵今→坦坦荡荡→万方安和→山高水长→正大光明→勤政亲贤→夹镜鸣琴→别有洞天→凤麟洲→敷春堂→鉴碧亭→迎晖门→南门

南门经典线路：

南门→正觉寺→天心水面→石残桥→仙人承露台→凤麟洲→别有洞天→夹镜鸣琴→蓬岛瑶台→涵虚朗鉴→海岳开襟→思永斋→含经堂→狮子林→泽兰堂→谐奇趣→养雀笼→迷宫→方外观→海晏堂→观水法→远瀛观→大水法→线法山→方河→东门

圆明园内遗址区东西横剖面线路：

长春园宫门→澹怀堂遗址→含经堂遗址→思永斋遗址→别有洞天遗址→广育宫遗址→天然图画遗址→镂月开云遗址→坦坦荡荡遗址→杏花春馆遗址→万方安和遗址→山高水长遗址→藻园

北京市海淀区圆明园管理处

地址：北京市海淀区清华西路 28 号

电话：010-62543673

网址：http://www.yuanmingyuanpark.cn/

参考文献

何重义，曾昭奋，1995. 圆明园园林艺术［M］. 北京：科学出版社.

彭哲愚，1985. 颐和园圆明园的传说［M］. 石家庄：河北少年儿童出版社.

（清）吴长光，1983. 宸垣识略［M］. 北京：北京古籍出版社.

（清）吴振棫，1983. 养吉斋丛录［M］. 北京：北京古籍出版社.

徐珂，1984. 清稗类钞［M］. 北京：中华书局.

圆明园管理处，2010. 圆明园百景图志［M］. 北京：中国大百科全书出版社.

（清）于敏中，1981. 日下旧闻考［M］. 北京：北京古籍出版社.

张超，2012. 家国天下［M］. 上海：中西书局.

赵尔巽，等，1977. 清史稿［M］. 北京：中华书局.

中国第一历史档案馆，1991. 圆明园——清代档案史料［M］. 上海：上海古籍出版社.

（清）昭梿，1980. 啸亭杂录［M］. 北京：中华书局.

（清）赵翼，1982. 檐曝杂记［M］. 北京：中华书局.

后 记

　　圆明园是经过雍正、乾隆、嘉庆、道光、咸丰五代皇帝的扩建经营，逐步形成的一座大型御园。

　　圆明园继承了传统古典园林，汇集了民族智慧于园内，其主要建筑类型包括：殿、堂、亭、台、楼、阁、榭、廊、轩、斋、房、舫、馆、厅、桥、闸、墙、塔以及寺庙、道观、村居、街市等，应有尽有，是古代园林建筑的综合体。

　　圆明园是古典园林营造艺术的集大成之作。圆明园兴建过程中还大量移植了江南名园，即所谓"移天缩地在君怀"，如苏州狮子林、杭州西湖十景等均在园中仿建。同时还兴建了西式园林西洋楼景区。

　　西洋楼是以西方规则式布局为设计思想，局部用传统格局。西洋楼内的园林建筑风格采用了西方园林设计元素，在这里，欧式建筑、喷泉、迷宫、雕塑、绿篱、水池等西方园林要素一应俱全，这是中西园林文化的融合。

　　圆明园遗址的保护是我们的历史文化遗产，在废墟的遗址上整修、再现原址上的历史景观园林文化。而海淀的地理特征是"圆明园"修建于此，再现了山水相依、烟水迷离的江南景致。园内数十万株树木青翠欲滴，季节性花卉如霞似锦，复建的少量园林建筑重现昔日光彩，重要的遗址得到保护整修，形成了以西洋楼为代表的宏大遗址群落，今新探出一条遗址路线，给人以历史的追忆。

随着西方传教士的出现，一种文化对另一种文化的需求，必然引起两种文化的融合，并沟通起中西园林文化的借鉴。无论在东方还是西方，园林都产生于人类和大自然的相互认同。园林建筑充分发挥传统的智慧，在用独特的视角不断融合变化，使中西文化交流中留下了独有的艺术价值。

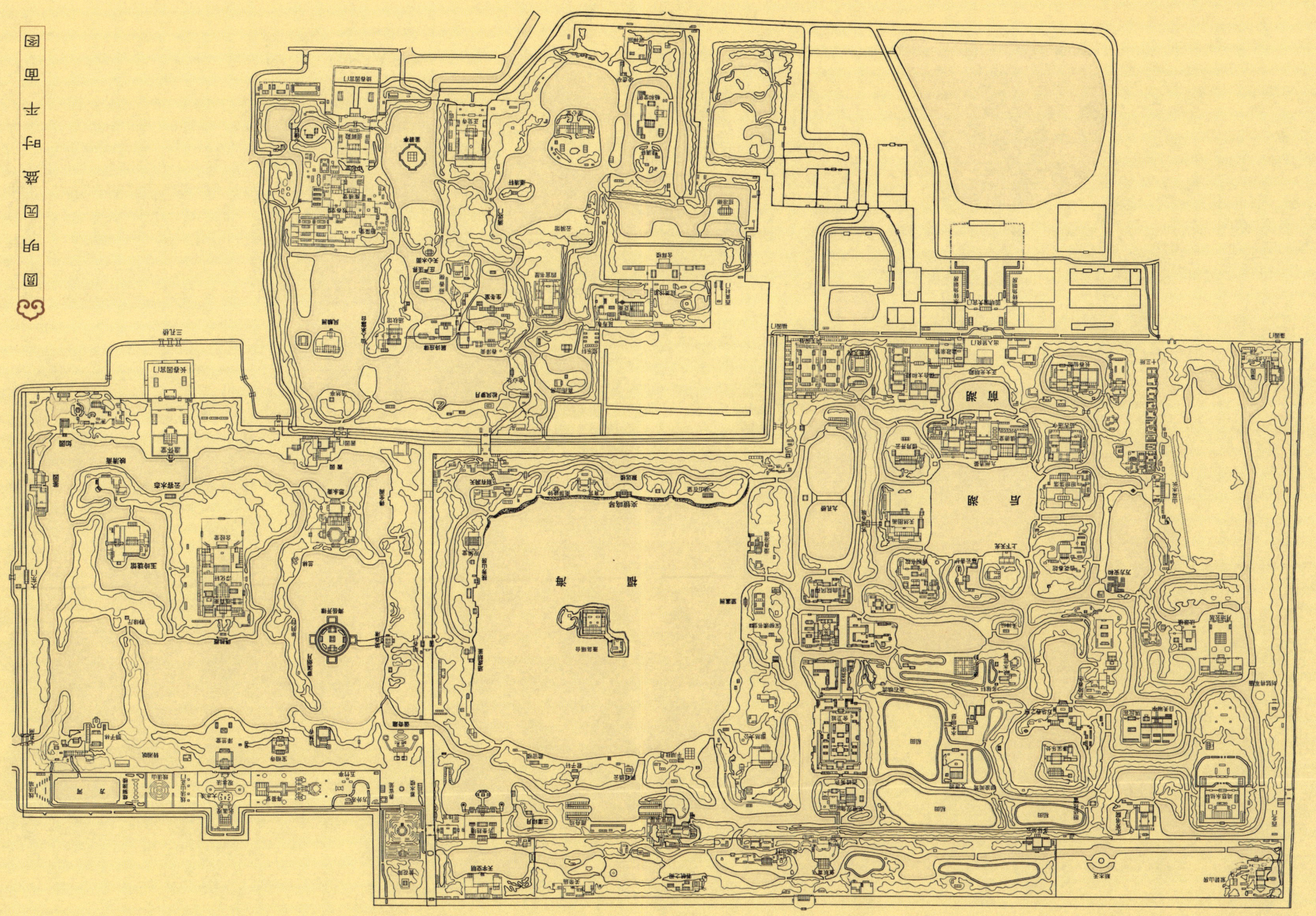